AF634362

Gil Borms, Steven Stes, Ria Van Den Heuvel

Leben mit ADHS

Gil Borms, Steven Stes, Ria Van Den Heuvel

Leben mit ADHS

Selbsthilfe für Erwachsene

Übersetzt aus dem Niederländischen
von Bärbel Jänicke

Patmos Verlag

Die in diesem Buch enthaltenen Informationen, Hinweise und Übungen wurden nach bestem Wissen der Autoren erstellt und sorgfältig geprüft. Sie ersetzen jedoch nicht den persönlich eingeholten (psycho-)therapeutischen oder medizinischen Rat. Verlag und Autoren können für Irrtümer oder etwaige Schäden, die aus der Anwendung der dargestellten Informationen, Hinweise oder Übungen resultieren, keine Haftung übernehmen. Deren Nutzung bzw. Durchführung erfolgt auf eigene Verantwortung der Leserinnen und Leser.

FSC
www.fsc.org
MIX
Papier | Fördert gute Waldnutzung
FSC® C083411

Die Verlagsgruppe Patmos ist sich ihrer Verantwortung gegenüber unserer Umwelt bewusst. Wir folgen dem Prinzip der Nachhaltigkeit und streben den Einklang von wirtschaftlicher Entwicklung, sozialer Sicherheit und Erhaltung unserer natürlichen Lebensgrundlagen an. Näheres zur Nachhaltigkeitsstrategie der Verlagsgruppe Patmos auf unserer Website www.verlagsgruppe-patmos.de/nachhaltig-gut-leben

Bibliografische Information der Deutschen Nationalbibliothek.
Die Deutsche Nationalbibliothek verzeichnet diese Publikation in der Deutschen Nationalbibliografie; detaillierte bibliografische Daten sind im Internet über http://dnb.d-nb.de abrufbar.

2. Auflage 2024

Verlagsgruppe Patmos in der Schwabenverlag AG, Ostfildern
www.verlagsgruppe-patmos.de
Ergänzte Neuausgabe des 2013 im Patmos Verlag erschienen Titels *Chaosqueen und Traumtänzer, Ein Ratgeber für Erwachsene mit ADHS*

Umschlaggestaltung: Finken & Bumiller, Stuttgart
Satz: Schwabenverlag AG, Ostfildern
Druck: CPI books GmbH, Leck
Hergestellt in Deutschland
ISBN 978-3-8436-1483-2 (Print)
ISBN 978-3-8436-1506-8 (eBook)

Inhalt

Einleitung

Die Informationen in diesem Buch basieren auf einem Programm, das wir für ein Gruppentraining für Erwachsene mit ADHS entwickelt haben. Das Gruppentraining besteht aus Psychoedukation und Verhaltenstherapie und wird im Zentrum *ZitStil* in Antwerpen und in der Ambulanzsprechstunde für ADHS bei Erwachsenen am Psychiatrischen Zentrum der Katholischen Universität Leuven durchgeführt. Wir haben in diesem Buch versucht, die Informationen und Hilfestellungen wiederzugeben, die die Teilnehmer während des Gruppentrainings erhalten.

Unser Buch richtet sich natürlich nicht nur an Menschen, die an einer Gruppentherapie teilnehmen. Sondern an alle Betroffenen, die mehr über ADHS, über die Ursachen, Behandlungskonzepte, Therapieformen und Selbsthilfemöglichkeiten dieser Erkrankung erfahren möchten. Und die lernen möchten, wie sie in ihren sozialen Beziehungen und am Arbeitsplatz trotz ADHS besser zurechtkommen können.

Es richtet sich auch an Angehörige, Partner, Arbeitgeber, Dozenten oder Freunde von Betroffenen. Auch sie können hier nützliche Informationen finden. Auch für Therapeuten kann unser Buch hilfreich sein.

Wir haben das Buch gemeinsam mit der Journalistin Ria Goris geschrieben, die sich in sehr kurzer Zeit erstaunlich gut in das Thema »ADHS bei Erwachsenen« eingearbeitet hat. Sie gab uns viele Tipps und hat all unsere Erfahrungen und Informationen in eine leicht verständliche Form gegossen. Wir sind davon überzeugt, dass ihre Arbeit der Lesbarkeit des Buches sehr zugutekommt und sind ihr dafür sehr dankbar. Ohne sie hätte das Buch niemals so schnell vorgelegen. Auch Dr. Anne Van Lammers vom Psychiatrischen Zentrum der Universitätsklinik in Groningen (UMCG) möchten wir herzlich danken. Die Grundlage dieses Buches bilden neben den Erfahrungen, die wir mit einigen hundert Erwachsenen mit ADHS und mit deren Umfeld gesammelt haben, die Interviews, die wir speziell für dieses Projekt mit ADHS-Betroffenen geführt haben.

Deren Erfahrungen geben wir anonymisiert wieder. Natürlich möchten wir auch ihnen für ihre engagierte Mitarbeit danken. Unser Dank geht des Weiteren an die Menschen, die uns in den vergangenen Jahren so viel gelehrt und ihre Probleme und ihre Suche nach Lösungen so offen mit uns geteilt haben.

Ein Leben mit ADHS – das für jeden Betroffenen eine Herausforderung darstellt – kann interessant und lehrreich sein. Dass es auch schön und lebenswert sein kann, zeigen zahlreiche Anekdoten und Geschichten. In das Leben von Menschen mit ADHS einzutauchen und ihren Erzählungen zu lauschen, kann einiges zu einer Klärung beitragen. Und … um die schwierigen Momente zu überstehen, gibt es Hilfe. Sie stehen damit nicht allein!

Gil Borms
Steven Stes
Ria Van Den Heuvel

1. ADHS bei Erwachsenen

Es hat Jahre gedauert, bis anerkannt wurde, dass ADHS oder ADS auch bei Erwachsenen vorkommt. Erst in den Achtzigerjahren des letzten Jahrhunderts setzte sich die Erkenntnis durch, dass das Phänomen ADHS nicht einfach im magischen Alter von achtzehn Jahren verschwindet. Leider gibt es keinen Zauberstab, der alle Probleme von ADHS-Betroffenen mit einem Schlag lösen kann, aber glücklicherweise sind doch immer mehr Methoden für einen besseren Umgang mit diesen Problemen entwickelt worden.

Die für ADHS typischen Symptome Aufmerksamkeitsmangel, Hyperaktivität und Impulsivität bleiben in der Regel auch im Erwachsenenalter bestehen. Manche Betroffene haben eher Konzentrationsschwierigkeiten, bei anderen stehen vor allem Impulsivität oder Hyperaktivität im Vordergrund. Das ist auch ein Grund, warum ADHS manchmal jahrelang nicht erkannt wird. Manche Menschen nennen die Erkrankung daher auch spaßhaft »all day high stress« (jeden Tag sehr gestresst). Doch es gibt auch sehr ruhige Menschen mit ADHS, die in erster Linie Aufmerksamkeitsprobleme haben und die ihre Aufgaben immer wieder vor sich herschieben, ohne hektisch zu wirken. ADHS lässt sich nicht einfach auf einen bestimmten Nenner bringen, und das macht es nicht leicht, eine Diagnose zu stellen. Die folgenden Zitate geben einen Eindruck davon, wie manche Erwachsene ihr ADHS erleben.

- »Ich bin wie ein Computer, der immer eingeschaltet ist, sogar nachts.«
- »In meinem Kopf herrscht immer Chaos. Eigentlich ist mein ganzes Leben ein einziges Chaos.«
- »Ich bin so verträumt, so abwesend … Das ist lästig. Ich reagiere zu langsam. Oder ich falle in einem Gespräch oder während einer Sitzung oft auf, weil ich nicht bei der Sache bin.«
- »Ich vergleiche mein ADHS mit einer ständig weiterratternden Waschmaschine in meinem Kopf. Einerseits ist das toll, als hätte ich jeden Abend Harry Potter in meinem Kopf. Andererseits ist es

aber auch schrecklich anstrengend, denn manchmal werde ich auch dunkle Gedanken nicht los.«

Viele Betroffene haben nicht nur mit ADHS, sondern auch mit Schlafproblemen, heftigen Emotionen, Niedergeschlagenheit, Ängsten oder einer Sucht zu kämpfen. Dass manchmal nicht ganz klar ist, welches dieser Phänomene am stärksten im Vordergrund steht, kann eine konkrete Diagnose zusätzlich erschweren.

In diesem Kapitel möchten wir für mehr Klarheit sorgen, indem wir folgende Fragen thematisieren: Was ist ADHS? Warum dauert es so lange, bis ADHS bei Erwachsenen (an-)erkannt wird? Wie wird eine Diagnose erstellt? Wie oft kommt ADHS bei erwachsenen Männern und Frauen vor? Mit welchen anderen Beschwerden oder Problemen kann ADHS einhergehen?

Was ist ADHS?

ADHS ist eine Störung, die man als Erwachsener nicht plötzlich entwickelt. Sie ist vorwiegend genetisch bedingt und tritt in den meisten Fällen bereits in der Kindheit auf. Wenn es in dieser Zeit bereits zu Problemen kommt, beeinträchtigt die Störung die normale Entwicklung des Kindes bis hin zum Erwachsenenalter. Darum wird sie manchmal auch als »Entwicklungsstörung« bezeichnet.

ADHS wird von einer bestimmten Struktur und Funktionsweise des Gehirns hervorgerufen. Daher wird ADHS auch häufig mit dem Etikett »neurobiologische Störung« versehen. Obwohl ADHS-Betroffene sich hinsichtlich der Art ihrer Probleme unterscheiden, weisen sie doch eine Reihe gemeinsamer Eigenschaften auf, die sich in drei große Symptomgruppen einordnen lassen: Aufmerksamkeitsprobleme, Hyperaktivität und Impulsivität.

Aufmerksamkeitsprobleme

Ein zentrales Merkmal von ADHS ist die Schwierigkeit, die eigene Aufmerksamkeit zu steuern. Das bedeutet in der Praxis: Man kann sich nicht lange auf eine Sache konzentrieren, ist schnell abgelenkt oder gelangweilt, kann Arbeiten nur schwer zu Ende bringen. Man neigt dazu, Dinge aufzuschieben, springt häufig von einer Aktivität zur nächsten, kann nur schwer zwischen Haupt- und Nebensachen unterscheiden. Typisch ist auch, dass man Dinge vergisst oder Gegenstände verliert. Man verzettelt sich in Details, kann schlecht planen, organisieren und Prioritäten setzen, man kann sich nur auf Dinge konzentrieren, die das eigene Interesse wecken, ist chaotisch, findet es schwierig, Anweisungen zu verstehen oder zu behalten, konzentriert sich zeitweise zu stark auf eine einzige Sache, ist also hyperfokussiert und lässt sich in anderen Momenten wieder leicht ablenken.

Einige Aussage von Erwachsenen mit ADHS zu diesem Thema:

- »Ich bin den ganzen Tag zu Hause beschäftigt, dann bin ich müde und habe nichts erledigt.«
- »Ich sage zwar ›ja‹, aber manchmal habe ich gar nicht gehört, was der andere gesagt hat.«
- »Manche sind der Ansicht, dass ich meinen Papierkram auf eine merkwürdige Art und Weise erledige, aber ich sehe das anders.«
- »Wenn ich in meiner Arbeit keinen Reiz, keine Herausforderung mehr sehe, kann nicht mehr weitermachen.«
- »Meine ganzen Dokumente und meine Buchhaltung liegen durcheinander in einem Schrank. Ich weiß einfach nicht, wie ich sie ordnen soll.«
- »Wenn ich mein Büro aufräume und dabei interessante Briefe finde, muss ich sie sofort lesen, deshalb werde ich mit dem Aufräumen nie fertig.«

> Auf dem Gymnasium hatte ich keine allzu großen Schwierigkeiten, auch wenn ich wegen meines impulsiven Verhaltens ziemlich viele Einträge erhielt. Erst an der Universität wurde mir mein Konzentrationsmangel wirklich zum Problem. Manchmal musste

ich eine Seite zwanzigmal lesen, bevor ich kapierte, was da stand. Ich konnte die Strukturen und Zusammenhänge einfach nicht erfassen. Um sie mir klarzumachen, zeichnete ich mir oft Schaubilder, doch das war ziemlich zeitraubend. (Jill)

Einerseits kann ich mich nicht konzentrieren, andererseits bin ich hyperfokussiert. Wenn ich etwas fertig machen will, habe ich keine Ruhe, bevor ich es erledigt habe, und lasse mich von nichts ablenken. Ich kann mich dann, zum Beispiel im Garten oder am PC, Stunden mit einer Sache beschäftigen. Das führt oft zu Missverständnissen und Kommentaren wie: »Der soll ADHS haben, der sitzt doch schon drei Stunden vor seinem PC«, oder zu der Vermutung, dass böse Absicht mit im Spiel ist, wenn ich mich dann auf andere Dinge nicht konzentrieren kann. Dann heißt es: »Siehst du, auf andere Dinge kann er sich also doch konzentrieren, nur darauf nicht.« Die anderen verstehen einfach nicht, dass ich diese Energie nicht selbst steuern kann, ich gehe plötzlich in etwas auf und verliere mich gewissermaßen darin. (Peter)

Hyperaktivität

Nicht jeder ADHS-Betroffene leidet gleich stark unter Hyperaktivität. Mancher wirkt eher ruhig, ein anderer ist allein schon physisch sehr ausdrucksstark und spricht quasi mit Händen und Füßen. Vielleicht wurde bei Ersterem auch ADS diagnostiziert, eine Störung, die, wie wir im Folgenden noch sehen werden, eigentlich ein Subtyp von ADHS ist. Hyperaktivität kann auf sehr unterschiedliche Weise zum Ausdruck kommen: Man hat Schwierigkeiten, still zu sitzen, muss ständig herumlaufen, hat ein Gefühl innerer Ruhelosigkeit, spricht sehr schnell, fummelt ständig an etwas herum, muss immer beschäftigt sein und hat Mühe, sich zu entspannen.

Manche Menschen beschreiben das so:

- »Ich komme nie zur Ruhe und bin immer mit irgendetwas beschäftigt. Das ist vor allem für die Menschen in meiner Umgebung anstrengend.«

- »Meine Frau muss mir immer wieder sagen, dass ich auch mal andere zu Wort kommen lassen soll.«
- »Ich kann mich in manchen Dingen schwer bremsen. Ich mache immer weiter und bemerke gar nicht, dass ich meine eigenen Grenzen oder die anderer überschreite.«
- »Ich kann keine Sekunde still sitzen, immer muss ich mit den Beinen rumhampeln. Und manchmal bekomme ich auch zu hören, wie störend es ist, dass ich ständig mit einem Stift auf den Tisch klopfe.«

Impulsivität

Viele Menschen mit ADHS sind überdurchschnittlich impulsiv. Eine Frau mit ADHS meinte dazu: »Ich agiere nicht, ich reagiere.« Reize aus der Umgebung kommen bei Menschen mit ADHS stark und ungefiltert an und veranlassen sie zu einer unmittelbaren Reaktion. Das führt oft dazu, dass sie erst handeln und dann denken. Ihre Impulsivität lässt sie schnell mit etwas herausplatzen, anderen ins Wort fallen und ungeduldig sein, sie essen impulsiv, geben impulsiv Geld aus und beginnen oder beenden auch Beziehungen und Jobs aus einem Impuls heraus. Einige Aussagen dazu:

- »Wenn mich jemand bei der Arbeit um etwas bittet, sage ich immer ›ja‹, obwohl ich dafür eigentlich keine Zeit habe. Ich sollte besser erst kurz überlegen, bevor ich zustimme.«
- »Ich konnte in der Schule nie meinen Mund halten. Ich wurde mehr ermahnt als ein normaler Schüler.«
- »Weil ich oft impulsiv reagiere, haben meine Frau oder meine Kinder zu selten die Gelegenheit, zum Zug zu kommen. Ich bin ein ziemlich flexibler Problemlöser.«
- »Ich fahre schnell aus der Haut, das ist so meine Art.«
- »Ich kann in Gesprächen so heftig werden, dass ich andere regelmäßig unterbreche.«
- »Ich gehe in einen Laden einkaufen, der vier Straßen entfernt liegt, nur weil ich dort nicht anstehen muss.«

> Bei meinem ADHS steht die Impulsivität im Vordergrund. Wenn ich mit etwas beschäftigt bin und mir plötzlich etwas anderes einfällt, lasse ich die erste Aktivität sofort sausen. Wenn ich mich zum Beispiel entscheide, eine Terrasse anzulegen, fahre ich sofort in den Laden, kaufe, was ich dazu brauche, und fange mit der Arbeit an. Das hat natürlich auch Vorteile, denn so ist manches schnell erledigt, aber meine Impulsivität führt auch oft dazu, dass ich im Umgang mit anderen zu direkt und ruppig bin. Ich habe gelernt, meine Reaktionen besser zu beherrschen. Ich kann es immer noch nicht leiden, wie die Katze um den heißen Brei herumzustreichen, aber ich kann bei einer Arbeitssitzung jetzt sagen: »So wie sich die Dinge nun darstellen, sind sie doch noch ein wenig unkonkret. Vielleicht müssen wir sie zunächst noch etwas konkretisieren.« Ich nenne das kontrollierte Impulsivität. Die Impulsivität hat jedoch auch ihre angenehmen Seiten. Nachdem ich mich neulich mit meiner Freundin gestritten hatte, haben wir gemeinsam einen Ausflug gemacht. Ich schlug ihr vor: »Lass uns an jeder Kreuzung entscheiden, ob wir links oder rechts abbiegen und dann schauen wir mal, wo wir rauskommen.« Wir hatten einen total tollen Tag. (Tom)

In irgendeinem Punkt aus den vorangegangenen Listen wird sich wahrscheinlich jeder wiedererkennen. Das ist nicht ungewöhnlich. Eigentlich hat jeder irgendwelche ADHS-»Symptome«. Aber um die Diagnose ADHS zu stellen, müssen sich diese Symptome häufig und lange genug (seit der Kindheit) bemerkbar gemacht haben. Außerdem sollten sich die typischen ADHS-Merkmale auch in unterschiedlichen Lebensbereichen zeigen, nicht nur in der Schule oder später am Arbeitsplatz, sondern auch zu Hause oder in sozialen Beziehungen (wir kommen darauf in Abschnitt »Wie wird die Diagnose erstellt?« noch einmal zurück). Wie bei vielen Störungen können auch bei ADHS die Symptome in leichterer oder schwererer Form auftreten. Bestimmte Ereignisse im Leben der Betroffenen können sie verstärken oder vermindern. Und ebenso können sich die persönliche Lebensweise und der konkrete Umgang mit ADHS darauf auswirken, wie sehr ADHS als Störenfried fungiert. Die Störung wird bei Erwachsenen vielleicht nie ganz verschwinden, aber es lässt sich gut mit ihr leben.

Ein anderer brauchte nur etwas zu erwähnen und schon legte ich los. Während wir mit unseren Gästen über Badezimmer plauderten, begann ich schon damit, das ein oder andere in unserem Bad auszumessen. Diese Impulsivität war einfach stärker als ich. Inzwischen habe ich gelernt, zu mir selbst zu sagen: »Bleib sitzen! Das ist jetzt nicht wichtig.« Mit Konzentration hatte ich schon immer Probleme. In der Schule bekam ich oft Kommentare wie »Peter muss dem Unterricht aufmerksamer folgen« oder »Er hat gut begonnen, ließ sich aber zu schnell ablenken« auf mein Zeugnis. Ich denke schneller, als ich sprechen kann. Deshalb verhaspele ich mich manchmal, wenn ich etwas erzähle, und verliere den roten Faden. (Peter)

Warum dauerte die (An-)Erkennung von ADHS bei Erwachsenen so lange?

Vor mehr als einem Jahrhundert, 1902, um genau zu sein, hat der englische Kinderarzt George Still bereits Kinder mit starker Impulsivität, Hyperaktivität und einem Aufmerksamkeitsdefizit beschrieben. Das, was er damals als Auffälligkeit erkannt hat, weist eine große Ähnlichkeit mit der Störung auf, die wir heute ADHS nennen. Er war der Meinung, dass diese Kinder eine unzulängliche Kontrolle über ihr Verhalten hätten, und vermutete schon damals ein chronisches Problem, das sich unter Umständen bis ins Erwachsenenalter hinziehen könne. Still bildete die Ausnahme von der Regel. Die längste Zeit des vergangenen Jahrhunderts gingen Wissenschaftler davon aus, dass Kinder mit zunehmendem Alter aus diesem Problem herauswachsen würden. Sollte es überhaupt Erwachsene geben, die weiterhin an ADHS litten, könnte es sich allenfalls um eine kleine Minderheit von höchstens zehn Prozent der bereits als Kind Betroffenen handeln, lautete lange die vorherrschende Meinung.

Ende der Sechziger- und im Laufe der Siebzigerjahre wurden die ersten Forschungsergebnisse über Erwachsene mit ADHS veröffentlicht. In diesen Jahren verwendete man noch nicht den Begriff

ADHS, sondern sprach von einem Minimal Brain Damage oder einer *Minimal Brain Dysfunction* (MBD) oder von einer hyperkinetischen Reaktion. In den Achtzigerjahren kam der Begriff Aufmerksamkeitsdefizitstörung (ADS) auf. Im Hinblick auf die wichtigsten sogenannten diagnostischen Merkmale unterscheiden sich diese Diagnosen alle leicht voneinander. Diagnostische Merkmale sind die Symptome, die notwendigerweise vorhanden sein müssen, um eine bestimmte Diagnose zu stellen. Die Unterschiedlichkeit der Diagnosen wird nachvollziehbar, wenn man bedenkt, dass die Störung, die wir heute als ADHS kennen, im Laufe der Jahre manchmal entweder in einem engeren oder in einem weiteren Sinne definiert wurde. Im engen Sinn bilden Aufmerksamkeitsprobleme, Unruhe und Impulsivität die diagnostischen Merkmale, im weiteren Sinn sind auch Stimmungsschwankungen, Lern- und Verhaltensstörungen sowie leichte motorische oder sensorische Schwierigkeiten Teil des Problems. Der Begriff ADHS wird nun schon seit Ende der Achtzigerjahre verwendet und verweist als Diagnose auf das Vorhandensein der Symptome: Aufmerksamkeitsdefizit, Ruhelosigkeit und Impulsivität (der Begriff wird also im engeren Sinne gebraucht). Die im weiteren Sinne darüber hinausgehenden Beschwerden bezeichnet man heute als »komorbide Probleme« oder »Begleiterkrankungen«. Sie müssen nicht vorliegen, um die Diagnose ADHS zu stellen, sie gehen aber häufig mit der Störung einher und verursachen zusätzliche Schwierigkeiten.

> Während meiner ehrenamtlichen Arbeit in einem Ferienlager sah ich einige Kinder mit ADHS. Ich erkannte mich in vielen ihrer Verhaltensweisen wieder, darin, wie sie während des Essens einfach aufstanden und weggingen, ohne etwas zu sagen, oder wie sie die ganze Zeit einfach hin und her liefen. Ich sah darin nichts Falsches, doch die anderen Betreuer beschwerten sich und meinten, ich würde den Kindern zu viele Freiheiten lassen. Zu dieser Zeit, vor etwa zwanzig Jahren, war man noch der Überzeugung, dass ADHS nur bei Kindern vorkäme und sich spontan wieder »auswachsen« würde. Ich dachte damals: Ich hatte das früher auch. Erst Jahre später, nach vielen Rückschlägen und nachdem ich et-

> was über ADHS gelesen hatte, suchte ich professionelle Hilfe und erhielt die Diagnose ADHS. (Peter)

Es sollte bis in die Neunzigerjahre dauern, bis ADHS bei Erwachsenen gründlich erforscht wurde. Da ADHS (oder früher MBD und ADS) bei Kindern schon lange bekannt war, hatte man groß angelegte Studien durchgeführt, in denen Betroffene von ihrer Kindheit bis in die Adoleszenz und das junge Erwachsenenalter hinein in einem Monitoring beobachtet wurden. Das lieferte weitere Erkenntnisse über die Entwicklung der Störung im Laufe der Jahre und schließlich auch darüber, wie ADHS im Erwachsenenalter zum Ausdruck kommt. Aufgrund dieser Studien wissen wir heute, dass zwei Drittel der Kinder mit ADHS auch als Erwachsene weiterhin Symptome der Störung zeigen.

In den Neunzigerjahren wurde die Erwachsenenvariante von ADHS nicht nur von Wissenschaftlern allmählich ernst genommen, sie wurde, unter anderem durch den 1994 erschienenen Bestseller *Driven to Distraction* (in deutscher Übersetzung *Zwanghaft zerstreut*) der beiden Psychiater Edward M. Hallowell und John Ratey, auch in der Öffentlichkeit bekannter. Die Autoren wussten, worüber sie schrieben, denn sie kannten ADHS aus eigener Erfahrung. Ihr Buch wurde ausgesprochen populär, denn viele Menschen erkannten sich in ihren Schilderungen wieder und machten sich auf die Suche nach Experten, die sie untersuchen und sie unterstützen konnten. Das war gar nicht so einfach, denn Experten für ADHS bei Erwachsenen waren damals nicht leicht zu finden und sind es bis heute noch nicht. Die wenigen Spezialisten suchten unterdessen nach Möglichkeiten und Methoden des Umgangs mit ADHS bei Erwachsenen. Therapeuten und Wissenschaftler fühlten sich angesichts der damaligen Situation zu weiteren Forschungen zur Diagnose und Behandlung von ADHS bei Erwachsenen verpflichtet. Anregung dazu fanden sie in der Behandlung von Kindern mit ADHS, aber natürlich lässt sich davon nicht einfach alles auf Erwachsene übertragen.

> Ich fragte meinen Hausarzt schon vor Jahren, ob er mich wegen ADHS nicht an einen Facharzt überweisen könne, denn ich sah, wie gut die ADHS-Behandlung meinem Sohn tat, und wollte die-

> se Behandlungsmöglichkeiten ebenfalls nutzen. Ich erkannte die Symptome meines Sohnes immer stärker an mir selbst. Doch mein Hausarzt war der Auffassung, dass ADHS bei Erwachsenen so gut wie gar nicht vorkäme und es keine Experten dafür gäbe. Erst vor einem Jahr wurde bei mir offiziell die Diagnose ADHS gestellt. Was für eine Erleichterung. Endlich musste ich nicht mehr mit dem Gefühl leben, faul zu sein und mich nur nicht genug anzustrengen. (Jill)

Während immer mehr Therapeuten zu der Überzeugung gelangten, dass ADHS auch bei Erwachsenen auftritt, und daher intensiv nach der besten Behandlungsmöglichkeit suchten, war die neurobiologische Forschung ebenfalls nicht untätig. In Studien mit Kindern und Erwachsenen konnte sie nicht nur nachweisen, dass bestimme Hirnregionen bei Menschen mit ADHS anders funktionieren als bei Menschen ohne ADHS, sondern auch, dass die Störung familiär geprägt ist: Der Apfel fällt oft nicht weit vom Stamm. Wenn jemand in der Familie an ADHS leidet, ist das Risiko, dass weitere Familienmitglieder ebenfalls davon betroffen sind, wesentlich höher (im 2. Kapitel gehen wir darauf genauer ein).

Wie wird die Diagnose erstellt?

Sobald ein Krankheitsbild anerkannt ist, werden dessen unterschiedliche Symptome in offiziellen Handbüchern beschrieben. Das Standardwerk für psychologische und psychiatrische Störungen ist das DSM, das *Diagnostic and Statistical Manual of Mental Disorders,* oder das ICD, die internationale statistische Klassifikation der Krankheiten und verwandter Gesundheitsprobleme. Experten stellen eine individuelle Diagnose, indem sie die Merkmale eines auftretenden Problems mit den Beschreibungen im DSM vergleichen. Alle paar Jahre wird das Handbuch überarbeitet und den neusten wissenschaftlichen Erkenntnissen angepasst. Die aktuelle Ausgabe ist das DSM-5.

Eine offizielle Diagnose

1987 wurde ADHS in der dritten überarbeiteten Ausgabe des DSM (DSM-III-R) zum ersten Mal erwähnt. Zuvor hatte man von einer hyperkinetischen Reaktion (DSM-II) und von einer Aufmerksamkeitsdefizitstörung (ADS) (DSM-III) gesprochen. Die letztere Bezeichnung wird zwar heute offiziell nicht mehr verwendet, ist aber umgangssprachlich noch weitgehend gebräuchlich. Gegenwärtig fallen alle Formen von Aufmerksamkeitsstörung und Hyperaktivität unter den Begriff ADHS.

ADS ist heute also zu einer Variante von ADHS geworden. Nach der neusten, aus dem Jahre 2013 stammenden Ausgabe des DSM (DSM-5) sind die am häufigsten auftretenden Symptome von ADHS: Aufmerksamkeitsdefizit und/oder Hyperaktivität und Impulsivität. Ein Betroffener muss eine Mindestzahl von ADHS-Symptomen aufweisen, um der Diagnose zu entsprechen. Die Anzahl und die Symptome sind in folgender Tabelle zusammengestellt.

DSM-5-Kriterien von ADHS

A Ein durchgehendes Muster von Unaufmerksamkeit und/oder Hyperaktivität-Impulsivität, wie in (1) und/oder (2) beschrieben, welches das Funktionsniveau oder die Entwicklung beeinträchtigt:

1. **Unaufmerksamkeit:** Sechs (oder mehr) der folgenden Symptome sind während der letzten 6 Monate beständig in einem mit dem Entwicklungsstand nicht zu vereinbarenden Ausmaß aufgetreten und wirken sich direkt negativ auf soziale und schulische/berufliche Aktivitäten aus:

   Beachte: Die Symptome sind nicht ausschließlich ein Ausdruck von oppositionellem Verhalten, Trotz, Feindseligkeit oder der Unfähigkeit, Aufgaben oder Anweisungen zu verstehen. Für ältere Jugendliche und Erwachsene (17 Jahre und älter) sind mindestens fünf Symptome erforderlich:

   a. Beachtet häufig Einzelheiten nicht oder macht Flüchtigkeitsfehler bei den Schularbeiten, bei der Arbeit oder anderen Tätigkeiten (z.B.: übersieht Einzelheiten oder lässt sie aus, arbeitet ungenau).

   b. Hat oft Schwierigkeiten, längere Zeit die Aufmerksamkeit bei Aufgaben oder beim Spielen aufrechtzuerhalten (z.B.: hat während Unterricht, Vorträgen, Unterhaltungen oder längerem Lesen Schwierigkeiten, konzentriert zu bleiben).

c. Scheint häufig nicht zuzuhören, wenn andere ihn bzw. sie ansprechen (z.B.: scheint mit den Gedanken anderswo zu sein, auch ohne ersichtliche Ablenkungen).
d. Führt häufig Anweisungen anderer nicht vollständig durch und bringt Schularbeiten, andere Arbeiten oder Pflichten am Arbeitsplatz nicht zu Ende (z.B.: beginnt mit Aufgaben, verliert jedoch schnell den Fokus und ist leicht abgelenkt).
e. Hat häufig Schwierigkeiten, Aufgaben und Aktivitäten zu organisieren (z.B.: hat Probleme, sequenziell aufeinander folgende Aufgaben zu bewältigen; Schwierigkeiten, Materialien und eigene Sachen in Ordnung zu halten; unordentliches, planlos-desorganisiertes Arbeiten; schlechtes Zeitmanagement: hält Termine und Fristen nicht ein).
f. Vermeidet häufig, hat eine Abneigung gegen oder beschäftigt sich nur widerwillig mit Aufgaben, die länger andauernde geistige Anstrengungen erfordern (z.B. Mitarbeit im Unterricht oder Hausaufgaben; bei älteren Jugendlichen und Erwachsenen: Ausarbeiten von Berichten, Ausfüllen von Formularen, Bearbeiten längerer Texte).
g. Verliert häufig Gegenstände, die für bestimmte Aufgaben oder Aktivitäten benötigt werden (z.B. Schulmaterialien, Stifte, Bücher, Werkzeug, Geldbörsen, Schlüssel, Arbeitspapiere, Brillen, Mobiltelefone).
h. Lässt sich oft durch äußere Reize leicht ablenken (bei älteren Jugendlichen und Erwachsenen können auch mit der aktuellen Situation nicht in Zusammenhang stehende Gedanken gemeint sein).
i. ist bei Alltagsaktivitäten häufig vergesslich (z.B. bei der Erledigung von häuslichen Pflichten oder Besorgungen; bei älteren Jugendlichen und Erwachsenen umfasst das Vergessen auch Telefonrückrufe zu tätigen, Rechnungen zu bezahlen, Verabredungen einzuhalten).

2. **Hyperaktivität und Impulsivität:** Sechs (oder mehr) der folgenden Symptome sind während der letzten 6 Monate beständig in einem mit dem Entwicklungsstand nicht zu vereinbarenden Ausmaß aufgetreten und wirken sich direkt negativ auf soziale und schulische/berufliche Aktivitäten aus.
   Beachte: Die Symptome sind nicht ausschließlich ein Ausdruck von oppositionellem Verhalten, Trotz, Feindseligkeit oder Unfähigkeit, Aufgaben oder Anweisungen zu verstehen. Für ältere Jugendliche und Erwachsene (17 Jahre und älter) sind mindestens fünf Symptome erforderlich.
   a. Zappelt häufig mit Händen und Füßen oder rutscht auf dem Stuhl herum.
   b. Steht oft in Situationen auf, in denen Sitzenbleiben erwartet wird (z.B.: verlässt eigenen Stuhl im Klassenraum, im Büro oder an anderem Arbeitsplatz oder in anderen Situationen, die erfordern, am Platz zu bleiben).
   c. Läuft häufig herum oder klettert exzessiv in Situationen, in denen dies unpassend ist. (**Beachte:** Bei älteren Jugendlichen und Erwachsenen kann dies auf ein subjektives Unruhegefühl beschränkt bleiben.)

d. Hat häufig Schwierigkeiten, ruhig zu spielen oder sich mit Freizeitaktivitäten ruhig zu beschäftigen.
e. Ist häufig »auf dem Sprung« oder handelt oftmals, als wäre er bzw. sie »getrieben« (z.B.: kann nicht über eine längere Zeit hinweg ruhig an einem Platz bleiben bzw. fühlt sich dabei sehr unwohl, z.B. in Restaurants, bei Besprechungen; dies kann von anderen als Ruhelosigkeit oder als Schwierigkeit erlebt werden, mit dem Betreffenden Schritt zu halten).
f. Redet häufig übermäßig viel.
g. Platzt häufig mit Antworten heraus, bevor die Frage zu Ende gestellt ist (z.B.: beendet die Sätze anderer; kann in Unterhaltungen nicht abwarten bis er bzw. sie mit Reden an der Reihe ist).
h. Kann häufig nur schwer warten, bis er bzw. sie an der Reihe ist (z.B. beim Warten in einer Schlange).
i. Unterbricht oder stört andere häufig (z.B.: platzt in Gespräche, Spiele oder andere Aktivitäten hinein, benutzt die Dinge anderer Personen ohne vorher zu fragen oder ohne Erlaubnis; bei älteren Jugendlichen und Erwachsenen: unterbricht oder übernimmt Aktivitäten anderer).

B Mehrere Symptome der Unaufmerksamkeit oder der Hyperaktivität-Impulsivität treten bereits vor dem Alter von 12 Jahren auf.

C Mehrere Symptome der Unaufmerksamkeit oder der Hyperaktivität-Impulsivität bestehen in zwei oder mehr verschiedenen Lebensbereichen (z.B. zu Hause, in der Schule oder bei der Arbeit; mit Freunden oder Verwandten; bei anderen Aktivitäten).

D Es sind deutliche Hinweise dafür vorhanden, dass sich die Symptome störend auf die Qualität des sozialen, schulischen oder beruflichen Funktionsniveaus auswirken oder dieses reduzieren.

E Die Symptome treten nicht ausschließlich im Verlauf einer Schizophrenie oder anderen psychotischen Störung auf und können auch nicht durch eine andere psychische Störung besser erklärt werden. (z.B. affektive Störung, Angststörung, dissoziative Störung, Persönlichkeitsstörung, Substanzintoxikation oder -entzug).

Bestimme, ob:

F90.2 Gemischtes Erscheinungsbild: Sowohl Kriterium A1 (Unaufmerksamkeit) als auch Kriterium A2 (Hyperaktivität-Impulsivität) waren während der letzten 6 Monate erfüllt.

F90.0 Vorwiegend Unaufmerksames Erscheinungsbild: Kriterium A1 (Unaufmerksamkeit), aber nicht Kriterium A2 (Hyperaktivität-Impulsivität) war während der letzten 6 Monate erfüllt.

F.90.1 Vorwiegend Hyperaktiv-Impulsives Erscheinungsbild: Kriterium A2 (Hyperaktivität-Impulsivität), aber nicht Kriterium A1 (Unaufmerksamkeit) war während der letzten 6 Monate erfüllt.

Bestimme, ob:
Teilremittiert: Wenn die Kriterien früher vollständig erfüllt worden sind, in den letzten 6 Monaten jedoch nicht alle notwendigen Kriterien erfüllt wurden und die Symptome immer noch eine Beeinträchtigung des sozialen, schulischen oder beruflichen Funktionsniveaus verursachen.

Bestimme den aktuellen Schweregrad:
Leicht: Es treten wenige oder keine Symptome zusätzlich zu denjenigen auf, die zur Diagnosestellung erforderlich sind, und die Symptome führen zu nicht mehr als geringfügigen Beeinträchtigungen in sozialen, schulischen oder beruflichen Funktionsbereichen.
Mittel: Die Ausprägung der Symptome und der funktionellen Beeinträchtigung liegt zwischen »leicht« und »schwer«.
Schwer: Die Anzahl der Symptome übersteigt deutlich die zur Diagnosestellung erforderliche Anzahl oder mehrere Symptome sind besonders stark ausgeprägt oder die Symptome beeinträchtigen erheblich die soziale, schulische oder berufliche Funktionsfähigkeit.

Eine Lungenentzündung kann der Arzt meistens mit ausreichender Sicherheit diagnostizieren und von dem normalen Zustand der Lunge abgrenzen. Dazu führt er eine körperliche Untersuchung und verschiedene Tests durch, macht eine Aufnahme der Lunge und nutzt die Blutwerte, um herauszufinden, welche Mikroorganismen (Bakterien oder Viren) die Entzündung verursacht haben. Bei ADHS lässt sich jedoch nicht so eindeutig feststellen, ob jemand davon betroffen ist oder nicht.

Eine klare Schwarz-Weiß-Diagnose ist hier nicht möglich, sondern nur eine unterschiedlich starke Ausprägung. Wann sprechen wir dann aber von ADHS? Sicherlich, wenn es sich um Menschen handelt, die sich in Bezug auf die Anzahl ihrer ADHS-Symptome am oberen Ende der Skala befinden und bestimmte Eigenschaften aus der DSM-Liste so intensiv zeigen, dass sie in ihrer Ausbildung oder Arbeit Probleme bekommen, weil sie ihr Verhalten nicht immer im Griff haben. Daraus können sich auch Schwierigkeiten in ihrer Partnerbeziehung oder in der Organisation ihres Familienlebens und ihres Haushalts ergeben. Darauf gehen wir im 5. und 6. Kapitel ausführlich ein.

Man kann das in etwa mit dem Risiko eines erhöhten Blutdrucks vergleichen. Bei manchen ist der Blutdruck etwas höher, bei anderen etwas niedriger. Je höher der Blutdruck ist, desto größer ist das Risiko einer Herzerkrankung. Die Grenzen zwischen einem normalen und einem krankhaften Blutdruck sind jedoch fließend. Ärzte und Wissenschaftler sprechen erst ab einem bestimmten Grenzwert von Hypertonie oder zu hohem Blutdruck. Erst wenn dieser Grenzwert erreicht ist, halten sie eine den Blutdruck senkende Behandlung für angezeigt.

Es gibt Menschen, die eine überdurchschnittliche Anzahl von Symptomen der DSM-Liste zeigen und dennoch nicht allen offiziellen Kriterien von ADHS entsprechen, weil beispielsweise nicht klar ist, ob diese Symptome schon vor dem Alter von zwölf Jahren aufgetreten sind. Manche zeigen auch weniger als die sechs erforderlichen Symptome von Unaufmerksamkeit oder Hyperaktivität und Impulsivität, leiden aber dennoch erheblich unter den Symptomen.

Eine Behandlung ist diesen Fällen natürlich auch angezeigt; offiziell stellt man dann die Diagnose ADHS-NOS (ADHS *Not Otherwise Specified* / Nicht anders bezeichnet). Therapeuten verwenden diesen Begriff jedoch selten und sprechen eher »von einer gewissen Form von ADHS«. Des Weiteren gibt es auch Menschen, die viele ADHS-Symptome zeigen, deren Leben davon aber nicht besonders beeinträchtigt wird und denen es auch ohne Behandlung gut geht. Symptome allein sind also nicht immer ausschlaggebend dafür, ob eine – und wenn ja, welche – Behandlung notwendig ist. Nach der Definition von ADHS liegt eine Störung vor, wenn die Symptome ursächlich für eine Beeinträchtigung der alltäglichen Funktionsfähigkeit sind. Ist das nicht der Fall, sprechen wir also nicht von einer Störung.

Das Erstellen einer Diagnose

Wie gehen Experten nun konkret vor, um eine Diagnose zu erstellen? Gewöhnlich suchen Menschen Hilfe, wenn sie unter bestimmten Schwierigkeiten leiden. ADHS-Betroffene leiden unter Organisationsproblemen und unter ihrem chaotischen Verhalten. Sie fühlen sich überfordert oder versagen bei der Arbeit. Es mangelt ihnen oft an sozialen Fähigkeiten oder ihr impulsives Verhalten macht ihnen zu schaffen. Sie beschreiben sich selbst oft als ungeduldig und schnell reizbar, und sie haben manchmal Probleme in ihrer Beziehung und mit der Erziehung ihrer Kinder, zum Beispiel weil sie wichtige Ereignisse vergessen, ihren Partnern nicht gut zuhören können oder ihre häuslichen Pflichten vernachlässigen.

> Bei mir wurde schon in der weiterführenden Schule ADHS diagnostiziert. Meine Leistungen waren sehr schwankend. Für meine täglichen Hausaufgaben bekam ich regelmäßig sehr schlechte Noten. Doch während des Examens machte ich alles wieder wett. Von einer Therapie wollte ich damals nichts wissen. Das wird schon ohne gehen, dachte ich mir. In den letzten Schuljahren war ich rebellisch und ließ richtig die Sau raus. Ich ging bis spät in die Nacht mit Freunden aus, rauchte Cannabis und vernachlässigte die Schule. Ich ging erst einmal ohne Abschluss ab, kehrte aber später wieder zurück und machte meinen Abschluss nach. Erst Jahre später, als ich bei meiner Arbeit versagte und meine Freundin mit meinem ADHS Probleme hatte, machte ich mich auf die Suche nach einer Therapie. (Tom)

In einem ausführlichen Interview versucht der Spezialist herauszufinden, ob es sich um ADHS handelt oder doch eine andere Erkrankung im Vordergrund steht. Er versucht zu erkennen, welche Symptome für ADHS sprechen und welche für andere Störungen wie Depression oder Angststörungen. Dazu nutzt er strukturierte Interviews, in denen die Symptome von ADHS und anderen Störungen systematisch abgefragt werden. Außerdem können auch Fragebögen dabei helfen, ADHS auf die Spur zu kommen. Auf der nächsten Seite finden Sie ein Beispiel für einen kurzen Fragebogen. Aber Vorsicht: Eine höhere Punktzahl auf einem Fragebogen bedeutet noch nicht, dass man unter ADHS leidet; um das zu erkennen, ist immer eine ausführlichere Untersuchung nötig.

Weil ADHS eine Störung ist, die in der Kindheit beginnt, wird der Experte auch Fragen über die Entwicklung vom Kindes- zum Erwachsenenalter stellen. Zum Beispiel, ob man früher Lernschwierigkeiten hatte oder ob es Probleme in der Erziehung oder beim Spielen mit anderen Kindern gab.

Checkliste zu ADHS bei Erwachsenen **Version 1.1 (ASRS: Adult ADHD Self-Report Scale)**					
Kreuzen Sie das Kästchen an, das am besten beschreibt, wie Sie sich in den letzten 6 Monaten gefühlt und verhalten haben.	Nie	Selten	Manchmal	Oft	Sehr oft
(1) Wie oft haben Sie Probleme, die letzten Details eines Projekts zu beenden, nachdem Sie die interessantesten Teile abgeschlossen haben?					
(2) Wie oft haben Sie Schwierigkeiten, eine komplexe Aufgabe gut zu organisieren?					
(3) Wie oft haben Sie Probleme, sich an Termine oder Verpflichtungen zu erinnern?					
(4) Wie oft vermeiden oder verschieben Sie es, eine Aufgabe zu beginnen, die viel Nachdenken erfordert?					
(5) Wie oft sind Sie zappelig oder bewegen Ihre Hände oder Füße, wenn Sie lange Zeit sitzen müssen?					
(6) Wie oft fühlen Sie sich übermäßig aktiv und unter dem Zwang, Dinge zu tun, als ob Sie von einem Motor angetrieben würden?					
Zählen Sie die Anzahl der Häkchen im dunkleren Bereich zusammen. Vier oder mehr Häkchen deuten darauf hin, dass Ihre Symptome den Symptomen von ADHS bei Erwachsenen entsprechen. Vielleicht könnte es für Sie von Nutzen sein, mit Ihrem Arzt über eine Einschätzung zu sprechen. Dieser aus 6 Fragen bestehende Screening-Test mit einer Selbstbeurteilungs-Skala für Erwachsene – Version 1.1 (ASRS-V1.1) ist Teil einer aus 18 Fragen bestehenden Symptom-Checkliste für ADHS bei Erwachsenen – Version1.1 (Adult ASRS-V1.1) der Weltgesundheitsorganisation (WHO). © Weltgesundheitsorganisation. Siehe: http/www.hcp.med.harvard.edu/ncs/asrs/php.					

Abbildung 1: Checkliste

Fragebögen und intensive Gespräche reichen nicht immer aus, um ADHS zu diagnostizieren. Der Experte zieht üblicherweise auch andere Informationsquellen wie Schulzeugnisse oder Berichte von Schulsozialarbeitern zurate, die Kommentare wie »kann nur schwer still sitzen«, »lässt sich schnell ablenken«, »hat nur Unsinn im Sinn« oder »schwätzt zu viel« enthalten können. Aus diesen Berichten wird manchmal auch deutlich, dass hochbegabte Schüler mitunter weit hinter ihren Möglichkeiten zurückbleiben. Diese Quellen können durchaus für das Erstellen einer Diagnose hilfreich sein, vor allem, wenn sich der Betroffene selbst nur noch wenig an seine Schulzeit erinnern kann. Neben Berichten und Zeugnissen aus der Schulzeit liefern oft auch die Einschätzungen von Arbeitgebern aufschlussreiche Informationen.

Wenn wir Menschen mit ADHS nach ihren Schwierigkeiten fragen, erhalten wir von ihnen manchmal ganz andere Antworten als von den Menschen in ihrem Umfeld. Symptome, mit denen sich die Betroffenen arrangieren können und die sie daher als unbedeutend erachten, können für die Menschen in ihrem Umfeld sehr auffällig und lästig sein. Für viele Betroffene ist es nicht immer leicht, ihr eigenes Verhalten oder seine Auswirkungen richtig einzuschätzen. Darum wenden sich die Spezialisten auch an die Partner oder die Eltern, um ihren Eindruck zu ergänzen. Die Partner oder die Eltern können den Betroffenen begleiten oder anhand von Fragebögen darlegen, welche Eigenschaften und welche Verhaltensweisen sie bei ihm wahrnehmen.

Der Spezialist, der eine Diagnose erstellt, versucht also möglichst viele Informationen zu sammeln: in einem intensiven Gespräch, durch Fragebögen, durch Informationen aus der Schulzeit, mittels Arbeitszeugnissen und über Aussagen von Menschen aus dem direkten Umfeld. Damit muss er im Wesentlichen arbeiten, denn spezielle Tests, die mit Sicherheit über ADHS Aufschluss geben könnten, gibt es (noch) nicht. Vor allem um andere Störungen auszuschließen, führen Ärzte gelegentlich auch zusätzliche Untersuchungen durch, zum Beispiel Blutuntersuchungen, Schlafuntersuchungen, neurologische Untersuchungen oder sogenannte neuropsychologische Tests. Dabei handelt es sich um Tests, in denen unter anderem die Intelligenz, verschiedene Aufmerksamkeitsfunktionen (etwa die Fähigkeit, Aufmerksamkeit zu fokussieren oder zu verteilen), die Beherrschung impulsiver Reaktionen und Gedächtnisfunktionen getestet werden. Diese Tests erlauben allein noch keine ADHS-Diagnose, können aber sehr nützlich sein, um sich ein gutes Bild von den Fähigkeiten und Möglichkeiten einer Person zu machen.

> Mein Hausarzt überwies mich ins Zentrum *ZitStil*. Als ich meine Situation dort schilderte, vermutete man, dass ich ADHS hätte. Ein Spezialist machte eine Reihe von ADHS-Tests und einen IQ-Test. Er bat mich, meine Zeugnisse aus der Grundschule mitzubringen. Auch Linda, meine Partnerin, füllte einen Fragebogen aus. Als man meine Lebensgeschichte und alle anderen Elemente zusammengefügt hatte, kam man zu dem Schluss, dass ich unter ADHS litt. (Peter)

Wie oft kommt ADHS bei Erwachsenen vor?

Heute geht man davon aus, dass bei zwei Dritteln aller Kinder und Jugendlichen, die mit ADHS zu kämpfen haben, die Störung auch im Erwachsenenalter bestehen bleibt. Wie viele Erwachsene sind prozentual zur Gesamtbevölkerung eigentlich davon betroffen? Und wie groß ist dabei der jeweilige Anteil von Männern und Frauen?

Diese Fragen wurden in den letzen 10 Jahren ausführlich untersucht. Mehrere Studien kommen zu dem Ergebnis, dass 1 bis 7 Prozent der Erwachsenen unter ADHS leiden. Der genaue Prozentsatz variiert, je nach Studie, Land und engerer oder weiterer Auslegung der Kriterien. Um das Vorhandensein psychischer Störungen in der erwachsenen Bevölkerung zu ermitteln, hat eine Gruppe von Wissenschaftlern der Weltgesundheitsorganisation (WHO) eine weltweite Studie gestartet: die *World Mental Health Surveys*. Neben Störungen wie Depression, Angst oder Sucht widmet sich diese Studie unter dem Namen *European Study of Epidemiology of Mental Disorders* (ESEMeD) auch dem Auftreten von ADHS in sechs westeuropäischen Ländern. In dieser Untersuchung wird die Zahl der Erwachsenen mit ADHS in Belgien auf 4,1 Prozent der erwachsenen Bevölkerung geschätzt, in den Niederlanden auf 5 Prozent, in Deutschland auf 3,1 Prozent. Doch mit diesen Zahlen muss man noch vorsichtig sein. Da man in solchen Studien nicht bei jedem Beteiligten eine vollständige klinische Evaluation durchführen kann, handelt es sich hierbei lediglich um Schätzungen. Im Allgemeinen geht man heute davon aus, dass 2 bis 5 Prozent aller Erwachsenen unter ADHS leiden.

Es ist auffallend, dass das Mengenverhältnis zwischen Betroffenen Männern und Frauen von jenem zwischen Jungen und Mädchen abweicht. Während ADHS bei Jungen drei- bis neunmal häufiger vorkommt als bei Mädchen, stellt sich das Verhältnis bei Erwachsenen ausgeglichener dar: Hier stehen zwei Frauen drei Männern mit ADHS gegenüber. Woher rührt die große Abweichung zum Kindesalter? Eine Erklärung liegt vielleicht darin, dass die Zahl der Mädchen mit ADHS stark unterschätzt und verkannt wird. Kinder werden in der Regel aufgrund von Verhaltensstörungen in eine Therapie überwiesen, und Verhaltensstörungen treten bei Mädchen seltener auf als bei Jungen. Mädchen zeigen auch etwas häufiger den »vorwiegend unaufmerksamen« ADHS-Typus ohne Hyperaktivität, und dieser Typus ist weniger auffällig. Erwachsene Frauen neigen hingegen schneller als Männer dazu, einen Arzt zurate zu ziehen, vor allem wenn sie zugleich unter Problemen wie starken Stimmungsschwankungen, Ängsten und Depressionen leiden.

Von welchen anderen Beschwerden und Problemen kann ADHS begleitet werden?

Ein Unglück kommt selten allein, sagt der Volksmund. Viele Erwachsene mit ADHS haben auch noch mit anderen Problemen, zum Beispiel mit Lernschwierigkeiten, zu kämpfen. Sie brechen häufiger als Nichtbetroffene ihre Ausbildung ab oder hinken in ihrer Bildung hinter dem her, was man aufgrund ihrer Intelligenz von ihnen erwarten könnte. Bei ihrer Arbeit entsprechen ihre Leistungen oft nicht ihrem Ausbildungsniveau und sie kündigen öfter aus einem Impuls heraus und werden auch häufiger entlassen. Erwachsene mit ADHS sind bei ihrer Arbeit oft weniger gut organisiert, verpassen Deadlines und verlieren sich in Details. Außerdem führen ihre Impulsivität und ihre geringe Frustrationstoleranz zu Konflikten mit ihren Arbeitgebern und Kollegen. Auf diese Probleme werden wir im 7. Kapitel noch ausführlich zu sprechen kommen.

ADHS geht jedoch nicht nur mit Problemen beim Lernen und Arbeiten einher. Unaufmerksamkeit, Ruhelosigkeit und Impulsivität verursachen häufig auch Beziehungsprobleme oder Schwierigkeiten im Umgang mit Finanzen. Mehrere Studien deuten darauf hin, dass ADHS auch die Fähigkeiten zur Verkehrsteilnahme einschränkt.

Viele Erwachsene mit ADHS leiden unter Schlafproblemen, starken Stimmungsschwankungen, einem übermäßigen Drogen- oder Genussmittelkonsum (Kaffee, Zigaretten, Alkohol) und psychischen Problemen (einem negativen Selbstbild, Angstgefühlen und Depressionen). Manchmal handelt es nicht nur um leichte oder kurzzeitige psychische Beschwerden, sondern um eine weitere Störung, die noch hinzukommt, es liegt dann eine sogenannte »Komorbidität« vor. Studien in mehreren Ländern bestätigen, dass bei Menschen mit ADHS viel häufiger mehrere Probleme zusammen auftreten, als dies bei Menschen ohne ADHS der Fall ist. ADHS erhöht also die Gefahr, an weiteren Störungen zu erkranken. Mit anderen Worten: Eine Disposition für ADHS geht mit einer höheren Disposition für weitere Erkrankungen einher. Für Erwachsene mit ADHS ist das Risiko, nikotinabhängig zu werden, zwei- bis dreimal höher, drogen- oder alkoholsüchtig zu werden, drei- bis achtmal höher und die Gefahr antisozialer Verhaltensprobleme viermal höher. ADHS-Betroffene sind auch stärker gefährdet, Depressionen zu entwickeln (die Wahrscheinlichkeit ist drei- bis sechsmal so hoch) oder Angststörungen, wie Panikattacken, pathologisches Grübeln und phobische Ängste, aufzubauen (die Wahrscheinlichkeit ist acht- bis siebzehnmal so hoch).

> Als jemand, der mir nahestand, gerade in der Zeit starb, in der meine Beziehung zerbrach, flippte ich aus. Ich war sowieso ständig am Grübeln und konnte nicht abschalten. Mein Kopf war so voll und so chaotisch, ich fand einfach keine Ruhe. Ich habe damals meinen Kummer verdrängt und ertränkt. Zwei Jahre lang habe

ich immer wieder zu tief ins Glas geschaut, auch wenn ich mich bei meiner Arbeit immer noch zusammenreißen konnte. Ich habe auch mit Drogen experimentiert. Ich bin mir bewusst, dass die Versuchung, wieder Alkohol und Drogen zu konsumieren, stärker werden kann, wenn es mir schlechter geht. Das ist einer der Gründe, warum ich brav weiter meine Medizin nehme. Ich will mich nicht noch einmal verlieren, ich will meinen Kopf unter Kontrolle behalten. (Peter)

Manchmal ziehen diese Probleme die Aufmerksamkeit so stark auf sich, dass ADHS als das grundlegende Problem übersehen wird. So kann beispielsweise bei einem Patienten, bei dem Depressionen oder Stimmungsschwankungen diagnostiziert wurden, erst nach geraumer Zeit offenbar werden, dass er verdeckt auch an ADHS leidet. Wer jahrelang seine Arbeit und sein Privatleben zu managen versucht, wegen seiner ADHS dafür enorm viel Energie investiert und dabei noch mit allen möglichen Kommentaren zurechtkommen muss, läuft selbstverständlich eher Gefahr, entmutigt, ausgepumpt oder ängstlich zu werden.

Eine Kombination verschiedener Beschwerden

Nicht jeder ADHS-Betroffene hat das Bedürfnis, sich eine Diagnose stellen zu lassen. Manche Menschen wehren sich stark dagegen, weil sie nicht »in eine bestimmte Ecke« gedrängt oder mit dem Stempel einer »psychischen Störung« versehen werden wollen. Für andere allerdings ist eine solche Diagnose eine Erleichterung. Nach jahrelangem Ankämpfen gegen Widerstände und Kritik ist ihr Selbstvertrauen manchmal so erschüttert, dass die Diagnose ADHS wie eine Befreiung wirkt: Endlich gibt es eine Erklärung für alles, was ihnen die ganze Zeit das Leben so schwer machte!

Die konkreten Anlässe, nach einer Diagnose und nach Unterstützung zu suchen, können sehr unterschiedlich sein. Für Jesse gaben Probleme mit Zeitplänen und der Zeiteinteilung bei der Arbeit den Anstoß, hinzu kam noch das Gefühl, dass er für seine Partnerin ziemlich anstrengend war. Lies kam mit einem Burn-out und Ängsten zu uns. Genauere Nachforschungen ergaben, dass sie in der Vergangenheit oft gescheitert war und ständig über ihre Grenzen ging, um den Anforderungen am Arbeitsplatz zu genügen. Die Ursache ihres Problems war ADHS. Marijke wurde wegen ihrer Depressionen, die in Zusammenhang mit ihrer Scheidung und ihrer neuen Aufgabe als Supervisorin standen, zu einem Spezialisten überwiesen. Karel fiel in einer Entzugsklinik auf, weil er lebhafter, temperamentvoller und chaotischer war als andere Klienten. Dieses Muster hatte sich bei ihm schon in der ersten Schulklasse gezeigt. Schon als Teenager reagierte er auf Kritik mit heftiger Auflehnung. Er gab sich mit »falschen Freunden« ab und wurde von Cannabis und stärkeren Drogen abhängig. Auch bei ihm war ADHS der Ausgangspunkt all dieser Probleme.

Auf der anderen Seite ist es auch wichtig, die Begleiterkrankungen von Erwachsenen mit ADHS richtig zu identifizieren. Denn wenn es sich um gravierende Erkrankungen handelt, wie eine Sucht oder eine Depression, ist es sogar ratsam, diese zuerst zu behandeln und sich erst danach dem ADHS zu widmen.

> Ich bat in einem medizinischen Zentrum um eine Untersuchung auf ADHS. Die Ärzte rieten mir, Antidepressiva zu nehmen, um besser mit meinen emotionalen Schwankungen fertigzuwerden. Ich wurde damals schnell zornig und reagierte dann aufbrausend und barsch. Die Antidepressiva halfen mir, emotional im Gleichgewicht zu bleiben. Ich nehme sie immer noch, zusätzlich zu den Medikamenten gegen ADHS. (Jill)

Bei weniger stark ausgeprägten Beschwerden ist es günstiger, die Behandlungen gegen die unterschiedlichen Erkrankungen gleichzeitig anzugehen oder das ADHS zuerst zu therapieren.

> Ich hatte jahrelang Probleme mit Ängsten: Ich hatte Angst vor Krankheiten, vor einem Herzinfarkt und vor bestimmten Tieren. Ich glaube, das kam daher, dass ich zu viel gekifft habe. Heute sind die Ängste zum Glück verschwunden. Es war eine sehr gute Entscheidung, mit dem Kiffen aufzuhören. Ich würde jedem ADHSler raten, auf einem vernünftigen Weg Ruhe zu suchen. Bier zu trinken und zu kiffen ist zwar angenehm, aber sicher nicht der beste Weg, sich zu beruhigen. Nach der ADHS-Verhaltenstherapie

> habe ich, ohne Medikamente zu nehmen, eine Anschlusstherapie gegen diese Ängste gemacht. Dabei habe ich viel gelernt und ich bin meine Ängste auf eine angenehme Art und Weise losgeworden. (Tom)

Gelegentlich wird ADHS auch mit einer bipolaren oder manisch-depressiven Störung verwechselt. Bei einer bipolaren Störung durchleben die Betroffenen starke Stimmungsschwankungen: Sie haben sowohl depressive als auch manische oder hypomanische Phasen. Das kann auch bei ADHS vorkommen. Doch bei einer bipolaren Störung hält die Veränderung der Stimmung länger an und ist viel stärker. Die für ADHS charakteristischen emotionalen Stimmungsschwankungen sind gewöhnlich kurzfristiger, sie treten als Reaktion auf ein Ereignis auf und haben meistens etwas mit der Impulsivität und der niedrigen Frustrationsschwelle der Betroffenen zu tun. Diese Schwankungen können sich mehrmals täglich ergeben.
Manchmal ist die Sache sehr komplex, weil eine bipolare Störung auch komorbid bei ADHS bei Erwachsenen auftreten kann. Umgekehrt gibt es aber auch eine beachtliche Anzahl Erwachsener, deren bipolare Störung von ADHS begleitet wird.

Zusammenfassung

- ADHS ist eine neurobiologische Störung, die schätzungsweise bei 2 bis 5 Prozent der erwachsenen Bevölkerung auftritt. Männer haben mehr Probleme damit als Frauen (im Verhältnis 3:2).
- Die entscheidenden Symptome sind: Unaufmerksamkeit, Hyperaktivität und Impulsivität.
- Eine Diagnose wird mit Hilfe eines tief gehenden Gesprächs sowie anhand von Fragebögen, schulischen Informationen oder Arbeitszeugnissen und Aussagen von Menschen aus dem Umfeld erstellt.
- Bei etwa drei Vierteln der Betroffenen liegt auch eine weitere Störung oder Erkrankung vor.

2. Ursachen von ADHS

Obwohl in den vergangenen Jahrzehnten viel zu ADHS geforscht wurde, ist es doch nicht so ganz einfach, sich einen Überblick über die Ursachen dieser Störung zu verschaffen. Im 1. Kapitel sahen wir bereits, dass ADHS ein komplexes Phänomen mit vielen Gesichtern ist, das manchmal auch von einer Vielzahl zusätzlicher Beschwerden begleitet wird. Je komplexer ein Krankheitsbild ist, desto schwerer fällt es, eine ganz bestimmte Ursache zu definieren. ADHS bildet darin keine Ausnahme.

Die Forschung ist sich darüber einig, dass bei der Entstehung und/oder Entwicklung von ADHS unterschiedliche Einflüsse eine Rolle spielen können: Erbanlagen, Erziehung, Komplikationen während der Geburt und Giftstoffe aus der Umwelt. Obwohl die neurobiologische Forschung inzwischen erwiesen hat, dass die Gehirnentwicklung bei Menschen mit ADHS anders verläuft, sind noch große Forschungsanstrengungen erforderlich, bevor wir wirklich alles gut verstehen werden.

In diesem Kapitel behandeln wir folgende Fragen: In welchem Maß ist ADHS vererbbar? Welche Rolle spielt das Umfeld? Funktioniert das Gehirn eines ADHS-Betroffenen anders? Warum verschwindet ADHS bei manchen Menschen und bei anderen nicht?

In welchem Maß ist ADHS vererbbar?

ADHS ist in hohem Maß erblich bedingt. Das zeigen sowohl Untersuchungen von Familien ADHS-Betroffener als auch Studien zu ADHS bei eineiigen und zweieiigen Zwillingen. Wenn man die Vererbbarkeit einer Störung auf einer Skala von 0 bis 100 darstellt, wobei 0 für »überhaupt nicht erblich bedingt« und 100 für »vollständig erblich bedingt« steht, liegt der Wert für ADHS etwa bei 75. Das ist sehr hoch. Man kann vereinfachend sagen: ADHS ist zu 75 Prozent erblich bedingt. Das bedeutet ganz konkret, dass in Familien eines ADHS-Betroffenen die Wahrscheinlichkeit ziemlich groß ist, dass auch andere Angehörige unter ADHS leiden.

Eine Studie, bei der Kinder mit ADHS bis zur Adoleszenz begleitet wurden, ergab sogar Folgendes: Bei einem Betroffenen, bei dem während der Adoleszenz die Probleme mit ADHS allmählich ausklingen, ist die Wahrscheinlichkeit, dass Familienmitglieder ebenfalls ADHS haben, vier bis fünfmal höher als in der Durchschnittsbevölkerung. Wenn ADHS bei dem Betroffenen bis ins Erwachsenenalter weiterbesteht, ist das ADHS-Risiko der Angehörigen sogar siebzehn- bis zwanzigmal so hoch. Das sind deutliche Zahlen. Ob sie den Schluss zulassen, dass die Störung, die bei Erwachsenen weiterbesteht, stärker erblich bedingt ist als ADHS bei Kindern, werden zukünftige Studien erweisen müssen.

Gibt es ein spezielles Gen, das für die Störung verantwortlich ist? So einfach ist das nicht. Höchstwahrscheinlich macht eine gewisse Genkombination Menschen für die Entwicklung von ADHS anfällig, doch um welche Gene es sich dabei handelt, ist wissenschaftlich noch nicht genau erforscht. Zurzeit sind bereits einige Gene bekannt, die das ADHS-Risiko erhöhen. Wissenschaftler vermuten auch, dass dabei bestimmte Substanzen im Gehirn, insbesondere Dopamin und Noradrenalin, eine besondere Rolle spielen. Denn die Gene, die an der ADHS-Entwicklung beteiligt sind, beeinflussen oft die Produktion, den Abbau oder die Funktion dieser Substanzen. Manchmal wird sogar behauptet, Menschen mit ADHS litten an einem Dopaminmangel, aber das ist doch etwas zu kurz gegriffen. Dopamin ist nur eine der Substanzen, die im Gehirn ausgeschüttet werden, daneben gibt es noch viele andere Substanzen, die auf das Gehirn einwirken. Wie wir in dem Abschnitt über die Hirnfunktionen (»Funktioniert das Gehirn eines ADHS-Betroffenen anders?«) noch sehen werden, liefert der Mangel an einer bestimmten Substanz noch keine umfassende Erklärung für das Auftreten von ADHS.

Welche Rolle spielt das Umfeld?

Neben der genetischen Veranlagung gibt es auch Umgebungsbedingungen, die zum Entstehen von ADHS beitragen. Bestimmte Erziehungsstile und ein ungünstiges soziales Umfeld können ADHS-Symptome verstärken oder verkomplizieren, da sie das Risiko damit einhergehender Schwierigkeiten erhöhen. Auch Komplikationen während der Schwangerschaft oder der Geburt und bestimmte Umweltgifte stellen Risikofaktoren dar.

Obwohl man mit einer bestimmten ADHS-Disposition geboren wird, hat die Erziehung auf den weiteren Verlauf der Störung einen verstärkenden oder abschwächenden Einfluss. Die Art und Weise, wie man mit einem besonders unruhigen, impulsiven und zerstreuten Kind umgeht, hat Auswirkungen darauf, wie gut das Kind in seinem späteren Leben zurechtkommt. Erhält es genug Struktur und Betreuung? Sind beide Eltern an der Erziehung gleich stark beteiligt? Inkonsistenz des elterlichen Erziehungsverhaltens kann ADHS-Symptome verstärken oder Verhaltensprobleme verschlimmern. Widmen Eltern, Lehrer und Erzieher den besonderen Bedürfnissen des Kindes genügend Aufmerksamkeit und haben sie auch selbst die Möglichkeit, qualifizierte Unterstützung zu suchen? Oder verstrickt sich das Kind, das aus Mangel an Verständnis und Unterstützung seinen Weg allein suchen muss, in vielerlei Probleme? Zu viele negative Reaktionen aus dem schulischen und heimischen Umfeld können bei einem Kind Versagensängste hervorrufen oder es widerspenstig werden lassen – Gefühle, aus denen später weitere Probleme wie Depressionen, Suchterkrankungen oder Verhaltensauffälligkeiten entstehen können. Natürlich haben Eltern längst nicht alles in der Hand. Selbst mit den besten Absichten und mit intensivstem Bemühen kann die Erziehung eines Kindes problematisch verlaufen.

Vor fünfzehn oder zwanzig Jahren wussten die Eltern von Kindern mit ADHS oft nicht einmal, dass ihre Kinder unter einer Störung litten, und erst recht nicht, wo sie Hilfe suchen sollten. Denn ADHS war kaum bekannt. Auch Lehrer und Erzieher waren damals weniger gut informiert. Heute wird ADHS bei Kindern schneller erkannt. Was natürlich auch die Chance dieser Kinder auf Verständnis und eine angemessene

Betreuung erhöht. Bei den derzeitigen langen Wartelisten in vielen diagnostischen Einrichtungen und Therapiezentren ist rechtzeitige Hilfe für diese Kinder jedoch auch heute noch alles andere als selbstverständlich. Manchmal gehen ein paar Jahre ins Land, bevor eine klare Diagnose gestellt wird. Immerhin ist inzwischen eine ganze Reihe von Büchern auf dem Markt, die Eltern von Kindern mit ADHS Hilfestellung bieten, sobald die Diagnose gestellt ist. Und es gibt Selbsthilfegruppen, die Treffen für Eltern von Kindern mit ADHS organisieren.

Obwohl der Einfluss der Ernährung auf die Entstehung von ADHS in den Medien immer wieder breit thematisiert wird, finden sich in aktuellen Studien kaum Hinweise darauf, dass bestimmte Nahrungszusätze oder Nahrungsmängel das Risiko von ADHS erhöhen. Das Gleiche gilt auch für das Ausmaß an Fernsehkonsum. Fernsehen ist für die Entwicklung von ADHS kein klarer Risikofaktor, doch die Programminhalte, die Kinder sehen, und die Videospiele, die sie spielen, können sich positiv oder negativ auf ihre sozialen Fähigkeiten oder die Entwicklung ihres Aggressionsverhaltens auswirken. Und das muss bei Kindern mit ADHS, die für Verhaltensprobleme anfällig sind, natürlich auch berücksichtigt werden.

In manchen Studien wurde ein Zusammenhang der Störung mit Geburtskomplikationen gesucht – und auch gefunden. Eine Frühgeburt und/oder ein Sauerstoffmangel während der Geburt können zu einem erhöhten ADHS-Risikoführen. Außerdem erhöht ein Nikotin- und Alkoholkonsum der Mutter während der Schwangerschaft ebenfalls die ADHS-Wahrscheinlichkeit. Vermutlich erhöhen alle Einflüsse während der Schwangerschaft oder bei der Geburt, die einen Sauerstoffmangel verursachen, dieses Risiko.

In anderen Studien erforschte man, ob ADHS mit Umweltgiftstoffen wie Blei, Quecksilber, Mangan und PCBs (polychlorierte Biphenyle) zusammenhängt. Diese Substanzen kommen gewöhnlich in sehr geringen Mengen in der Umwelt vor, ist man ihnen jedoch besonders stark ausgesetzt, können sie zu Konzentrationsproblemen, Hyperaktivität oder Entwicklungsstörungen führen.

Wie groß ist denn nun aber im Gesamten betrachtet die Bedeutung des Umfelds für die Entstehung und den Verlauf von ADHS? Die genannten Risikofaktoren geben kaum eine hinlängliche Erklärung für die Entstehung von ADHS. Dazu ein Beispiel: Nikotinkonsum während der Schwangerschaft ist ein Risikofaktor, aber nicht jedes Kind, dessen Mutter während der Schwangerschaft raucht, hat ADHS. Eigentlich liegt der Störung immer ein komplexes Zusammenspiel von genetischer Anlage und Umgebungseinflüssen zugrunde. Rauchen während der Schwangerschaft wirkt sich möglicherweise vor allem dann auf die Entwicklung des Gehirns des Fötus negativ aus, wenn er auch eine bestimmte genetische Anlage aufweist. Wenn mehrere heikle Faktoren, wie eine bestimmte genetische Disposition, Komplikationen während der Schwangerschaft oder bei der Geburt und bestimmte ungünstige familiäre Verhältnisse, sich gegenseitig verstärken, ist das ADHS-Risiko womöglich größer. Mit anderen Worten: Die genetische Anlage für ADHS und der Einfluss des Umfelds sind nicht losgelöst voneinander zu betrachten. Sie beeinflussen sich im positiven wie im negativen Sinne.

Auch für die unterschiedlichen Ausprägungen von ADHS ist dieses Zusammenspiel von genetischen Faktoren und Umgebungsfaktoren verantwortlich. Die genetische Anlage und die Umgebungsfaktoren sind jedoch bei jedem Individuum verschieden, und so kommt es, dass auch die Störung immer wieder einen etwas anderen Verlauf nimmt.

Funktioniert das Gehirn eines ADHS-Betroffenen anders?

Dank der Neurowissenschaften wissen wir heute viel mehr über die Funktion des Gehirns als vor zwanzig Jahren. Es gibt verschiedene Möglichkeiten, etwas über die Funktionsweise des Gehirns zu erfahren, zum Beispiel mittels neuropsychologischer Tests oder bildgebender Verfahren.

Die Neuropsychologie untersucht Prozesse wie Aufmerksamkeit und Motivation sowie die Kontrolle über eigene Gedanken und Reaktionen auf Reize aus der Umgebung. Neuropsychologen haben verschiedene Tests entwickelt, um Teilaspekte solcher Denkprozesse zu messen. Diese Tests zeigen, dass Menschen mit ADHS mehr Schwierigkeiten haben, aufmerksam zu bleiben, ihre Reaktionen zu unterdrücken, von einer Aufgabe flexibel auf eine andere umzuschalten, Ablenkungen zu ignorieren und Aufgaben zu planen. Sie haben auch mehr Probleme bei Aufgaben, für die das Arbeitsgedächtnis besonders wichtig ist. Das Arbeitsgedächtnis eines Menschen lässt sich in etwa mit dem Arbeitsspeicher eines Computers vergleichen. Wir müssen dort kurzzeitig eine gewisse Menge an Informationen speichern können, um sie zu bearbeiten oder weitere Handlungen zu steuern. Darin unterscheidet sich das Arbeitsgedächtnis vom Langzeitgedächtnis, in dem wir Informationen wie auf der Festplatte eines Computers speichern. Letzteres fällt Menschen mit ADHS nicht besonders schwer, obwohl sie manchmal doch Schwierigkeiten haben, gespeicherte Informationen schnell abzurufen. Viele der entwickelten Tests messen die sogenannten exekutiven oder ausführenden Funktionen. Funktionen, die wir brauchen, um unser Verhalten zu strukturieren, es auf die Umgebung abzustimmen und langfristig zu planen. Die Forschung hat herausgefunden, dass die vorderen Regionen des Gehirns (der präfrontale Kortex) für die exekutiven Funktionen sehr bedeutsam sind. Bildgebende Untersuchungen haben erwiesen, dass diese Regionen bei Menschen mit ADHS ungewöhnlich klein sind. Auch ihre Hyperaktivität und/oder Impulsivität kommt Menschen mit ADHS bei der Erledigung bestimmter Aufgaben immer wieder in die Quere. Impulsives Handeln bewirkt beispielsweise, dass Probanden in Tests schneller Fehler machen oder eher unüberlegte und riskante Entscheidungen treffen.

Eines muss zu dieser Forschung jedoch angemerkt werden: Nicht alle Menschen mit ADHS zeigen in diesen Tests alle prognostizierten Abweichungen. Und umgekehrt können sich auch bei Menschen ohne ADHS oder mit anderen Erkrankungen in einem oder mehreren dieser Tests ähnliche Abweichungen ergeben. Wenn wir aus solchen Tests Schlussfolgerungen für die Diagnose ziehen wollen, müssen wir daher vorsichtig sein: Die Ergebnisse können zwar dabei helfen, funktionelle Probleme aufzuzeigen, aber sie haben in Bezug auf ADHS nicht unbedingt einen prognostischen Wert. Im Moment sind die Tests daher vor allem für Wissenschaftler interessant, die verstehen wollen, wie ADHS-Symptome entstehen.

Die Hirnforschung versucht, die Störungen, die für die genannten Probleme verantwortlich sind, genau aufzuspüren. Sie nutzt dazu unter anderem bildgebende Verfahren. Bei diesen Verfahren macht man spezielle Aufnahmen vom Gehirn, auf denen man die Größe von Hirnregionen messen kann oder sieht, wie aktiv bestimmte Hirnregionen im Ruhezustand oder bei der Bearbeitung gewisser Aufgaben sind. Wissenschaftler haben beispielsweise mit Hilfe eines MRT-Scans (Magnetresonanztomographie) Kinder und Erwachsene mit ADHS untersucht und mittels dieser Aufnahmen die Größe unterschiedlicher Hirnregionen gemessen. Obwohl anders als bei einem Hirnschlag oder einem Hirntumor keine speziellen Defekte erkennbar waren, ließ sich doch erkennen, dass bestimmte Hirnregionen (etwa die vorderen Hirnregionen und Teile des Kleinhirns) bei ADHS-Betroffenen auffallend klein waren. Man sah auch, dass die Hirnrinde bei ihnen an gewissen Stellen ungewöhnlich dünn war. Das traf vor allem auf die vorderen Hirnregionen zu, die bei den bereits erwähnten exekutiven Funktionen eine wichtige Rolle spielen, aber auch auf Teile der rechten Hirnhälfte, die für viele Aufmerksamkeitsprozesse bedeutsam sind.

Mit speziellen Techniken – PET-Scan (Positronen-Emissionstomographie), SPECT-Scan (Einzelphotonen-Emissionscomputertomographie) oder fMRT (funktionelle Magnetresonanztomographie) – lässt sich die Funktionsweise all dieser Hirnregionen untersuchen. Die erste ADHS-Studie, die sich solche Aufnahmen zunutze machte, wurde Ende der Achtzigerjahre durchgeführt und in *The New England Journal of Medicine*, einer führenden medizinischen Zeitschrift, publiziert. Der amerikanische Forscher Alan Zametkin, auch heute noch ein bedeutender Forscher am *National Institute of Mental Health* in Maryland in der Nähe von Washington, verglich in seiner Studie den Glukosestoffwechsel im Gehirn von 25 hyperaktiven Erwachsenen mit dem von 50 Erwachsenen, die nie Anzeichen von Hyperaktivität gezeigt hatten. Er kam zu dem Ergebnis, dass der Glukosestoffwechsel bei den Erwachsenen mit Hyperaktivität speziell im vorderen Teil des Gehirns, der für die Aufmerksamkeit und die Verhaltenskontrolle wichtig ist, besonders niedrig war. Wenn eine Hirnregion weniger Glukose verbraucht, ist sie wahrscheinlich auch nicht so aktiv wie andere Hirnregionen. Seine bahnbrechende Studie trug in den

Neunzigerjahren zur Anerkennung der Störung bei Erwachsenen bei. Ihr folgten noch viele weitere Studien bei Kindern und Erwachsenen mit ADHS, die unter anderem den Nachweis erbrachten, dass das Zusammenspiel der Hirnregionen, die für die Aufmerksamkeit, die Motivation und die exekutiven Funktionen verantwortlich sind, bei Menschen mit und ohne ADHS unterschiedlich verläuft. Offenbar gelingt es ADHS-Betroffenen beim Erledigen einer Aufgabe nicht so gut, diese wichtigen Hirnregionen zum richtigen Zeitpunkt zu aktivieren. Das sind natürlich wichtige Erkenntnisse, die belegen, dass ADHS mit markanten Abweichungen in der Struktur und der Funktionsweise des Gehirns in Zusammenhang steht.

Eine zentrale Rolle spielen auch Neurotransmitter. So bezeichnet man jene Substanzen, die für die Weiterleitung von Signalen zwischen den Gehirnzellen zuständig sind. Unser Gehirn besteht aus Milliarden von Zellen, die über Nervenspalten beziehungsweise Synapsen – winzigen Spalten zwischen den Enden der Nervenzellen – miteinander in Verbindung treten. Für die Reizübertragung von einer Zelle zur anderen werden Neurotransmitter benötigt. Sie funktionieren wie Schlüssel, die von einer Zelle in eine Nervenspalte freigesetzt werden und exakt in das Schloss einer anderen Zelle passen. Diese Schlösser werden als Rezeptoren (Empfänger) bezeichnet. Wichtige Neurotransmitter sind zum Beispiel Serotonin, Dopamin und Noradrenalin. Experten vermuten schon lange, dass bestimmte Signal- oder Botenstoffe im Gehirn, vor allem Noradrenalin und Dopamin, einen besonders großen Einfluss auf die Aufmerksamkeit, die Motivation und die exekutiven Funktionen haben. Die Regulierung der Dopamin- und Noradrenalindosis in bestimmten Hirnregionen verläuft bei Menschen mit ADHS vermutlich anders als bei anderen Menschen. Wie wir im Folgenden (siehe Kapitel 3) noch sehen werden, optimiert die Medikation bei ADHS die Dopamin- und Noradrenalinmenge zwischen den Nervenzellen. Wissenschaftler gehen davon aus, dass Menschen mit ADHS nicht etwa ständig zu wenig Dopamin- und Noradrenalin zur Verfügung haben, sondern dass sie diese Signalstoffe in den Momenten, in denen sie benötigt werden, lediglich nicht so flexibel einsetzen können. Mittlerweile weisen immer mehr Studien darauf hin, dass sich auch die Deregulierung von anderen wichtigen

Signalstoffen auf die Entwicklung der ADHS-Symptome auswirken könnte.

Warum verschwindet ADHS bei manchen Menschen und bei anderen nicht?

Diese Frage stellen viele Erwachsene mit ADHS. Dass ADHS bis ins Erwachsenenalter fortbesteht, kann an einer manifesteren familiären Disposition liegen. Die genetische Anlage ist möglicherweise der Grund dafür, dass sich bei manchen Menschen die neurobiologischen Abweichungen deutlicher ausprägen. Eine andere Erklärung läge darin, dass sich die Abweichungen bei Kindern, deren ADHS fortbesteht, von den Abweichungen bei Kindern, deren ADHS in der Adoleszenz größtenteils verschwindet, unterscheiden. Das ist jedoch alles noch nicht vollständig geklärt, und es bedarf noch einiger Forschung, um diese Fragen zu beantworten. Aktuelle Untersuchungen machen deutlich, dass sich bei Kindern, deren ADHS in der Adoleszenz zurückgeht, die Dicke der Hirnrinde in einem Teil der rechten Hirnhälfte normalisiert. Bei diesen Kindern spricht man von einer langsameren Reifung der Hirnrinde. Bei Jugendlichen, deren ADHS in der Adoleszenz fortbesteht, tritt diese Normalisierung nicht ein.

Lässt sich prognostizieren, bei wem ADHS bis ins Erwachsenenalter fortbestehen wird? Das ist heute noch sehr schwierig zu beantworten. Aus einigen Studien lässt sich schließen, dass die Wahrscheinlichkeit für ein Fortbestehen von ADHS bis ins Erwachsenenalter größer ist, wenn es sich um den kombinierten ADHS-Typus handelt und die Symptome in der Kindheit gravierender sind. Wie bereits vermutet, ist die Wahrscheinlichkeit auch größer, wenn ADHS in der Familie häufiger vorkommt und in der Kindheit Begleiterkrankungen (Komorbiditäten) auftreten. Möglicherweise haben auch Angst- und Stimmungsstörungen sowie antisoziale Verhaltensstörungen der Eltern einen gewissen Einfluss darauf. Auch für das Fortbestehen der Störung im Erwachsenenalter ist also ebenfalls eine komplexe Interaktion zwischen genetischen Faktoren und Umgebungsfaktoren verantwortlich.

Zusammenfassung

- ADHS hat nicht nur eine Ursache. Für die Entstehung von ADHS sind sowohl genetische Faktoren als auch Umgebungsfaktoren maßgeblich.
- Vererbung spielt dabei die wichtigste Rolle.
- Die ADHS-Symptome beruhen auf der Störung bestimmter Denkprozesseim Gehirn, die für die Aufmerksamkeit, die Motivation und die exekutiven Funktionen wichtig sind.
- Eine leichte strukturelle und funktionale Abweichung einiger Hirnregionen ist für die Störung dieser Denkprozesse verantwortlich.

3. Behandlung durch Medikation

In diesem Kapitel möchten wir Ihnen einige allgemeine Informationen zur Medikation bei ADHS geben. Diese Informationen können den fachkundigen Rat eines Arztes keinesfalls ersetzen. Denn nur der behandelnde Arzt kann einen Patienten individuell beraten und einschätzen, ob es möglicherweise Gründe gegen die Einnahme eines bestimmten Medikaments (eine sogenannte Kontraindikation) gibt. Mit anderen Worten: Sie sollten nicht einfach selbst mit Medikamenten experimentieren, denn eine gute ärztliche Betreuung ist unerlässlich. Probieren Sie niemals das Medikament Ihrer Tochter, Ihres Sohnes oder eines anderen Erwachsenen mit ADHS an sich selbst aus, sondern fragen Sie immer einen Arzt um Rat. Mit ihm sollten Sie auch Ihre medizinische Vorgeschichte gründlich besprechen; dazu zählen auch eventuelle Herz-, Leber- und Nierenerkrankungen, neurologische Krankheiten wie Epilepsie und Erkrankungen wie Glaukome (zu hoher Druck in den Augäpfeln), Schilddrüsenprobleme und Ticks. Auch psychische Erkrankungen wie Psychosen, Depressionen, manisch-depressive Störungen und Suchtprobleme gehören zur medizinischen Vorgeschichte. Natürlich sollte Ihr Arzt auch über eine bestehende oder geplante Schwangerschaft und über alle Medikamente oder frei erhältlichen Nahrungsergänzungsmittel, die Sie einnehmen, informiert sein. Aufgrund all dieser Informationen entscheidet er, ob Sie bestimmte Medikamente zur Behandlung von ADHS ohne Bedenken einnehmen können. Eventuell wird er zunächst noch ein paar weitere Untersuchungen durchführen, zum Beispiel eine kardiologische oder neurologische Untersuchung oder einen Bluttest. Vor allem im Anfangsstadium der Medikamenteneinnahme ist es wichtig, mit dem Arzt in ständigem Kontakt zu bleiben, um mit ihm die positiven Auswirkungen der Medikation und deren Nebenwirkungen zu besprechen und so die für Sie günstigste Dosierung des Medikaments zu finden. Arzt und Patient entscheiden schließlich gemeinsam, ob das Medikament weiter genommen werden soll.

Was muss man zuerst angehen?

Eine Behandlung sollte immer von den speziellen Problemen eines Patienten ausgehen. Was bereitet ihm bei seiner Arbeit, in seiner Beziehung, in seinem Haushalt und bei der Organisation seiner Büroangelegenheiten Schwierigkeiten? Wie lassen sich diese Schwierigkeiten erklären? Sind sie auf Konzentrationsstörungen zurückzuführen? Oder auf Impulsivität? Wenn ja, sollte ein Medikament verordnet werden, das speziell auf diese Symptome einwirkt. Stellen Sie sich zum Beispiel eine Frau mit ADHS vor, die total erschöpft ist, weil sie viel zu lange über ihre Arbeit grübelt. Ihr Papierkram ist ein einziges Chaos, sie verpasst Deadlines und schafft es einfach nicht, sich besser zu organisieren. Sie wird ängstlich und schläft schlecht. Sie hat neben ADHS auch andere Probleme. Aber diese werden sich schnell verringern, wenn sie sich besser konzentrieren kann und ihre Projekte rechtzeitig fertigstellt. Bei ihr war es daher eine gute Entscheidung, zunächst ihr ADHS zu behandeln.

Manchmal rücken jedoch andere Erkrankungen in den Vordergrund. Wie wir im 1. Kapitel bereits gesehen haben, wird ADHS oft von Beschwerden wie Schlafstörungen, Depressionen, Ängsten und Medikamentensucht begleitet. Diese Begleitstörungen sind bisweilen so schwerwiegend, dass sie behandelt werden müssen, bevor man sich dem ihnen eigentlich zugrunde liegenden ADHS zuwenden kann. Das ist zum Beispiel oft bei tiefen Depressionen oder Suchtproblemen der Fall. Wie diese Beispiele zeigen, ist es wichtig, bei der Behandlung Prioritäten zu setzen. Im Grunde muss man Schritt für Schritt vorgehen und hierbei die schlimmsten Beschwerden zuerst angehen. Es ist Aufgabe des behandelnden Arztes, alles sorgfältig zu bedenken und mit seinem Klienten zu besprechen.

Ist eine Medikation wirklich nötig?

Die Einnahme von Medikamenten ist nur eine von mehreren möglichen Behandlungsmethoden. Auch Psychoedukation, Psychotherapie oder Coaching können in der Behandlung von Erwachsenen mit ADHS eingesetzt werden. Darauf gehen wir in den nächsten Kapiteln noch ausführlich ein. Auch wenn genauere Untersuchungen dazu noch ausstehen, kann man doch davon ausgehen, dass eine Psychotherapie ohne Medikation bei Erwachsenen mit einer durchschnittlichen ADHS-Symptomatik durchaus erfolgreich sein kann. Dennoch sollte die Einnahme von Medikamenten unbedingt in Erwägung gezogen werden. Denn in den derzeitigen Richtlinien wird die Medikation für Erwachsene mit einer mittleren bis schweren ADHS-Symptomatik als Mittel erster Wahl angesehen, wenn der Betreffende keine starke Präferenz für eine psychosoziale Behandlung hat (so zum Beispiel in den für das Britische *National Collaborating Centre for Mental Health* entwickelten NICE-Richtlinien).

Auch wenn eine Medikation in vielen Fällen vorzuziehen ist, ist nicht zu übersehen, dass 20 bis 50 Prozent der Erwachsenen mit ADHS von einer Medikation nicht ausreichend profitieren. Sie sind sogenannte »Non-Responder«, das heißt, sie sprechen auf die Medikation nicht oder nicht wie erwartet an, sodass sich ihre Symptome nur unzureichend abschwächen. In manchen Fällen reduziert das Medikament zwar die Symptome eines ADHS-Betroffenen, wird aber nicht gut vertragen. Neben der Medikation besteht also auch weiterhin ein Bedarf nach alternativen oder ergänzenden Behandlungsmethoden (einer Kombinationsbehandlung).

Bei den meisten Erwachsenen mit ADHS ist eine solche Kombinationsbehandlung aus Medikation und einer Form von Psychoedukation oder Psychotherapie sinnvoll. Unaufmerksamkeit, Ruhelosigkeit und Impulsivität sind oft von einer langen Geschichte von Fehlschlägen, Misserfolgen und Kommunikationsproblemen begleitet. Das ruft bei vielen Betroffenen Selbstzweifel hervor und führt zu negativen Reaktionen in ihrem Umfeld, was sich wiederum nachteilig auf ihre Gefühle auswirkt und schließlich zur Folge haben kann, dass sie verzagt, wütend, depressiv oder ängstlich werden. Die Verunsicherung durch diese Emotionen kann ein solches Ausmaß annehmen, dass sie in einen Teufelskreis geraten. Psychoedukation hilft dabei, sich diesen Teufelskreis vor Augen zu führen und an der Wahrnehmung und Akzeptanz der Probleme zu arbeiten. Medikamente können Depressionen und Angst verringern, die Konzentration verbessern und dabei helfen, Ruhelosigkeit und Impulsivität zu beherrschen. In manchen Fällen genügt die

Einnahme von Medikamenten, um den Teufelskreis zu durchbrechen, doch oft reicht dies allein nicht aus. Dann kann eine zusätzliche Psychotherapie sinnvoll sein. Eine Therapie kann helfen, die Probleme aus einer anderen Perspektive zu betrachten und angemessener mit ihnen umzugehen. Sie kann auch Fertigkeiten vermitteln, die den Betroffenen helfen, positiver zu denken, mehr Struktur zu gewinnen und besser zu kommunizieren.

> Mir kommt ADHS so vor, als ob ich bei strömendem Regen in einem Auto ohne Scheibenwischer mit 200 Stundenkilometern auf dem Tacho fahre. Die Medikamente versorgen mich dann plötzlich mit Scheibenwischern. Ich bin dann immer noch einer Flut von Reizen ausgesetzt, aber die Reize sind nun besser strukturiert. Ich kann mich besser konzentrieren und werde dadurch ruhiger. Mit den Medikamenten verbindet mich zwar eine Art Hassliebe, aber ich habe mich – schweren Herzens – doch dafür entschieden, sie einzunehmen. Einerseits bin ich froh, dass ich mich dazu entschlossen habe, andererseits bin ich erleichtert, wenn ich sie wieder weglassen kann, denn man weiß nicht, welche langfristigen Nebenwirkungen mit ihnen verbunden sind. Ich werde testen, ob es nicht auch ohne sie geht, aber nur unter medizinischer Aufsicht. Sich abends ruhige Musik aufzulegen und Atemübungen zu machen, trägt zusätzlich dazu bei, zur Ruhe zu kommen. Und regelmäßig Sport zu treiben, setzt im Gehirn positiv wirkende Substanzen frei. (Tom)

Welche Medikamente gibt es?

Es gibt sehr viele verschiedene Arten von Medikamenten. Sie wirken ganz unterschiedlich auf das Gehirn und den Körper ein und erzeugen daher auch jeweils ganz andere Verhaltens- und Nebenwirkungen.

Zunächst kann man sie nach ihrer Funktion unterscheiden. Es gibt Medikamente, die man einnimmt, um besser schlafen zu können (Schlafmedikation), um nicht mehr so niedergeschlagen zu sein (Antidepressiva) oder um die Aufmerksamkeit zu steigern (Stimulanzien).

Forscher und Ärzte teilen Medikamente auch nach ihrem Wirkmechanismus ein: SSRI (Selektive Serotonin-Wiederaufnahmehemmer) üben einen speziellen Effekt auf die Serotoninpumpen im Gehirn aus und NARI (Noradrenalin-Wiederaufnahmehemmer) erzeugen denselben Effekt bei Noradrenalinpumpen. Die folgende Darstellung verdeutlicht den Wirkmechanismus einiger dieser Medikamente. Alle Nervenzellen bestehen aus einem Zellkern und vielen Ausläufern, die man sich wie an der Zelle hängende kürzere oder längere Fäden vorstellen kann. Diese Fädchen dienen der gegenseitigen Kontaktaufnahme der Nervenzellen. Durch die Freisetzung gewisser Substanzen in den Spalten (den Synapsen) zwischen zwei solchen Zellausläufern werden Signale übertragen. Die Substanzen werden in einer kleinen Blase gesammelt, die mit der Zellwand verschmilzt, sodass die Substanzen in ihrem Innern von dort aus in die Spalte zwischen zwei Zellen gelangen können. Diese Substanzen oder Signalstoffe nennt man Neurotransmitter (siehe 2. Kapitel). Die Neurotransmitter heften sich dann an die Rezeptoren der anderen Zelle an, in die sie passen wie ein Schüssel in ein Schloss. Wenn diese Signalstoffe ihre Arbeit getan haben, lösen sie sich wieder aus ihren Verankerungen und wirbeln so lange in den Zellspalten herum, bis sie wieder von der Zelle aufgenommen werden, die die Neurotransmitter ursprünglich freigesetzt hatte. Das lässt sich in etwa mit einem Recyclingsystem vergleichen: Die Neurotransmitter werden wieder aufgenommen, bearbeitet und erneut freigesetzt. Diese Wiederaufnahme erfolgt mit Hilfe verschiedener Pumpen, zum Beispiel den Serotoninpumpen, Dopaminpumpen und Noradrenalinpumpen.

Die meisten Medikamente, die wir zur Behandlung von Angstzuständen, Depressionen und ADHS verwenden, wirken sich auf diese Pumpen aus und beeinflussen so die Dopamin-, Noradrenalin- und Serotoninkonzentration in den Nervenspalten. Wenn ein Medikament eine dieser Pumpen blockiert, erhöht sich für einen gewissen Zeitraum die Konzentration des betreffenden Neurotransmitters in der Nervenspalte. Manche Medikamente bringen auch kombinierte Effekte hervor: Sie wirken sich auf mehrere Pumpen aus oder haben neben ihrem Effekt auf die Pumpen auch noch andere Auswirkungen auf die Zelle. Bestimmte Medikamente können sich beispielsweise direkt an

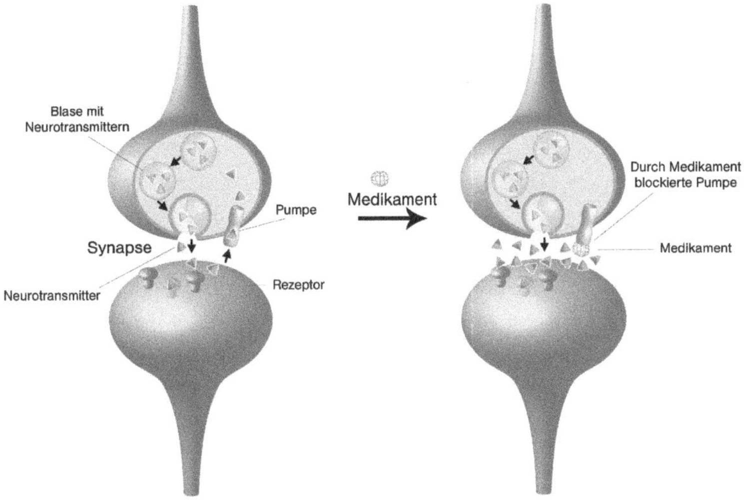

Abbildung 2: Wirkung der Medikamente bei ADHS © Phillipe Decaluwé

die erwähnten Rezeptoren anheften und auf diese Weise eine gewisse Reaktion erzielen. Doch es würde zu weit führen, darauf hier genauer einzugehen. Es ist in jedem Falle wichtig, sich bewusst zu machen, dass jedes Medikament anders funktioniert und daher auch andere Wirkungen und Nebenwirkungen verursacht.

Im Folgenden möchten wir Sie genauer über die Medikamente informieren, die den ADHS-Symptomen entgegenwirken. Im Allgemeinen helfen die Medikamente, die bei der Behandlung von Kindern mit ADHS eingesetzt werden, auch Erwachsenen mit ADHS. Sie wirken sich positiv auf die Konzentrationsfähigkeit aus und verstärken die eigene Verhaltenskontrolle. Erwachsene mit ADHS finden durch sie mehr Ruhe, können sich in ihrem Aktivitätsdrang eher zügeln und verhalten sich weniger impulsiv. Diese Verringerung der ADHS-Symptome sorgt für mehr Struktur und weniger Chaos. Außerdem fühlen sich viele Menschen mit ADHS durch die Medikation auch emotional stabiler. Sie neigen in bestimmten Situationen nicht mehr so schnell zu Überreaktionen und sind weniger leicht reizbar.

Folgende Medikamente sind für die Behandlung von Erwachsenen mit ADHS in Deutschland verfügbar: Stimulanzien (Methylphenidat, Dextroamphetamin), Atomoxetin und Bupropion. Zudem gibt es noch eine Gruppe weniger erforschter Medikamente. Wir gehen nacheinander auf jede dieser vier Gruppen ein.

Stimulanzien

Die Medikamente dieser Gruppe sind bisher am längsten zur Behandlung von ADHS eingesetzt worden und sind auch am besten erforscht. Zu der Gruppe der Stimulanzien gehören unter anderem alle Medikamente, die den Wirkstoff Methylphenidat enthalten. Methylphenidat ist eine Substanz, die mit Amphetamin verwandt ist. Auch Medikamente auf Amphetamin-Basis gehören zu der Gruppe der Stimulanzien (zum Beispiel Dextroamphetamin, Lisdexamfetamin und gemischte Amphetaminsalze).

Stimulanzien sind Medikamente, die bei der Behandlung von ADHS am häufigsten verschrieben werden. Obwohl sich Methylphenidat und Dextroamphetamin in ihrer Wirkung sehr ähnlich sind, gibt es doch geringe Unterschiede. So kommt es vor, dass Menschen, die auf eines der beiden Produkte nicht oder nicht hinreichend ansprechen, auf das jeweils andere Medikament möglicherweise gut reagieren. Beide Medikamente hemmen die Wiederaufnahme der Neurotransmitter Dopamin und Noradrenalin, indem sie die Dopaminpumpen in den Nervenspalten blockieren. Das führt für eine gewisse Zeit zu einer Erhöhung der Dopamin- und Noradrenalinkonzentration in den vorderen Hirnregionen und in den basalen Hirnkernen im Zentrum des Gehirns. Diese Hirnregionen spielen für die Entstehung der ADHS-Symptome eine zentrale Rolle. Vermutlich erleichtern die Stimulanzien die Signalübertragung zwischen den Zellen dieser Hirnregionen. Eine flexible Signalübertragung ist nach Auffassung von Wissenschaftlern dann besonders wichtig, wenn wir uns auf eine eintönige Aufgabe konzentrieren und dabei gegen eine Vielzahl äußerer Ablenkungen abschirmen müssen oder in Momenten, in denen eine impulsive Reaktion auf einen bestimmten Reiz vorübergehend unterdrückt werden soll. Im Gegensatz zu Methylphenidat sorgt Dextroamphetamin über einen weiteren Mechanismus auch noch für die unmittelbare Freisetzung von Neurotransmittern in den Nervenspalten.

Derzeit gibt es in Deutschland folgende Präparate mit dem Wirkstoff Methylphenidat: Ritalin®, Concerta®, Equasym® und Medikinet®. Kurzfristig wirkende Methylphenidat-Tabletten wirken sich etwa 4 Stunden auf die ADHS-Symptome aus, langfristig wirkende Medikamente bis zu 8 Stunden (Equasym retard®, Medikinet retard® und Ritalin retard®) oder sogar 12 Stunden (Concerta®). Die langfristig wirkenden Medikamente unterscheiden sich sowohl in der Dosierung als auch im Tempo, mit dem Methylphenidat in die Blutbahn gelangt. Seit 2011 gibt es auf dem deutschen Markt ein speziell für Erwachsene mit ADHS zugelassenes Präparat mit dem Handelsnamen Medikinet adult®, das auch von den Krankenkassen erstattet wird. Davor war die Verschreibung von ADHS-Medikamenten für Erwachsene nur »*off-label*« (siehe Abschnitt »Zulassung und Kostenübernahme von Medikamenten«) oder auf Privatrezept möglich. Mit dem neuen Medikament sollen Kindern und Erwachsenen unterschiedliche Präparate zur Verfügung gestellt werden.

Auch wurde in Deutschland Ende 2011 ein Dexamfetamin-Präparat mit dem Handelsnamen Attentin® eingeführt, das für Kinder und Jugendliche mit ADHS zugelassen ist, aber nur dann, wenn sie auf eine ausreichend lange Behandlung mit Methylphenidat und Atomoxetin nicht ansprechen. Bei Erwachsenen ist das Präparat nicht zugelassen.

> Die Wirkung von Ritalin® schockierte mich. Denn ich konnte mich sofort besser konzentrieren und Strukturen und Zusammenhänge mit einem Mal besser erkennen. Vor allem erschütterte es mich, als ich plötzlich begriff, warum ich immer eine Telefonphobie gehabt und in Konferenzen immer meinen Mund gehalten hatte: Bis dahin hatte ich die Reaktion der anderen auf das, was ich gesagt hatte, meistens nicht verstanden. Doch das war nun anders. Am Telefon und auf Konferenzen kam ich nun viel besser zurecht. Die Einnahme von Ritalin® hatte auch einige Nachteile, ich hatte einen trockenen Mund und schwitzte nachts. Doch diese Nachteile wogen die Vorteile nicht auf. (Jill)

Wegen ihrer starken Wirkung und ihrer umfangreichen klinischen Erprobung werden Stimulanzien für die Behandlung von Kindern und Erwachsenen mit ADHS in Richtlinien oft als Mittel erster Wahl genannt, zumindest dann, wenn keine Kontraindikation besteht. Die Dosierung ist bei Erwachsenen oft höher als bei Kindern, weil der Körper eines Erwachsenen nun einmal größer ist und anders darauf reagiert. In Studien über Methylphenidat wurden bisher Maximaldosen von 1,3 mg/kg pro Tag eingesetzt. Natürlich braucht nicht jeder eine so hohe Dosis. Man beginnt am besten mit einer niedrigen Dosierung und erhöht sie in Absprache mit dem Arzt, falls die Wirkung noch zu gering ist (natürlich nur dann, wenn man die Medikamente gut verträgt). Bemerkenswert ist bei Stimulanzien ihre unmittelbare Wirkung. Schon eine oder anderthalb Stunden nach der Einnahme spüren die meisten die möglichen positiven Effekte. Doch sobald die Konzentration der Medikamente im Blut wieder abnimmt, schwächt sich auch deren Wirkung ab. Was bedeutet, dass man das Medikament, vor allem wenn es sich um eine kurzfristig wirkende Form von Methylphenidat handelt, eventuell mehrmals am Tag einnehmen muss. Das kann problematisch sein, da viele Menschen mit ADHS vergesslich und chaotisch sind und die Medikamente daher nicht in den richtigen Abständen einnehmen können. Aus diesem Grund sind die langfristig wirkenden Methylphenidat-Präparate in der Handhabung praktischer. Außerdem kann mit ihnen vermieden werden, dass sich im Tagesverlauf durch Konzentrationsschwankungen der Medikamente im Blut Symptome einstellen.

Zu den häufig auftretenden Nebenwirkungen von Stimulanzien gehören unter anderem verminderter Appetit, Gewichtsverlust, Erhöhung von Blutdruck und Herzfrequenz, Schlaflosigkeit, Rastlosigkeit, Reizbarkeit, Kopfschmerzen und ein trockener Mund. Weitere Informationen erhalten Sie bei Ihrem Arzt oder auf dem Beipackzettel.

Atomoxetin

Atomoxetin ist in Deutschland unter dem Name Strattera® auf dem Markt. Es ist das erste nicht zur Gruppe der Stimulanzien gehörende

Medikament, das zur Behandlung von ADHS bei Kindern zugelassen wurde. In den USA ist das Medikament schon seit 2003 für die Behandlung von Erwachsenen mit ADHS zugelassen. Das ist in Deutschland nicht der Fall. Eine Behandlung mit Strattera® ist im Erwachsenenalter nur dann angezeigt, wenn die Symptome schon seit der Kindheit bis ins Erwachsenenalter bestehen bleiben und die Behandlung mit Strattera® schon während der Kindheit und Jugend einen deutlichen Nutzen gezeigt hat. Ein Behandlungsbeginn mit Strattera® ist bei Erwachsenen nicht angezeigt.

Atomoxetin hat einen anderen Wirkmechanismus als Methylphenidat und Dextroamphetamin. Anders als die Stimulanzien blockiert es nicht die Dopaminpumpen in den Nervenzellen, sondern die Noradrenalinpumpen. Das führt zu einer höheren Konzentration von Noradrenalin in mehreren Hirnregionen, die für ADHS verantwortlich sind. In den vorderen Hirnregionen erhöht das Medikament zudem die Konzentration von Dopamin. Im Unterschied zu den Stimulanzien wirkt sich Atomoxetin nicht unmittelbar nach der ersten Einnahme auf die Symptome aus. Die Wirkung baut sich erst allmählich im Laufe einiger Wochen auf. Man muss also etwas mehr Geduld aufbringen als bei den Stimulanzien. Allerdings hat Atomoxetin den Vorteil, dass seine Wirkung nicht sofort nachlässt, wenn man mal vergisst, es einzunehmen. Dadurch wirkt das Medikament über 24 Stunden beständiger auf die Symptome ein. Aber natürlich nimmt auch seine Wirkung ab, wenn es über mehrere Tage nicht eingenommen wird.

Obwohl die Forschung die Wirkung von Atomoxetin zurzeit geringer einschätzt als die von Stimulanzien, müssen künftige vergleichende Studien diese Annahme noch untermauern. Es ist auch denkbar, dass manche Menschen besser auf Atomoxetin ansprechen, während andere wiederum auf Methylphenidat oder Dextroamphetamin oder Bupropion besser ansprechen. In Richtlinien wird Atomoxetin manchmal als Mittel erster Wahl empfohlen, wenn neben der ADHS auch ein Suchtproblem besteht. Denn da Atomoxetin nicht mit Amphetamin verwandt ist, besteht in dieser Hinsicht kein Missbrauchsrisiko. Auch bei Depressionen, Angstzuständen und Ticks ist Atomoxetin den Stimulanzien möglicherweise vorzuziehen. Dennoch ist noch einiges an

Forschungsarbeit zu leisten, bevor das Medikament mit größerer Sicherheit empfohlen werden kann.

Wie bei den Stimulanzien liegt auch die Dosierung von Atomoxetin bei Erwachsenen höher als bei Kindern. Bei Erwachsenen wird meistens eine Dosierung von 80 bis 100 Milligramm pro Tag empfohlen.

Zu den häufig auftretenden Nebenwirkungen gehören unter anderem verminderter Appetit, Gewichtsverlust, Erhöhung von Blutdruck und Herzfrequenz, Schlaflosigkeit, Rastlosigkeit, Schwindel, Kopfschmerzen und ein trockener Mund, sexuelle Nebenwirkungen und Verstopfung. Deshalb sind bei der Verschreibung von Atomoxetin ausführliche ärztliche Voruntersuchungen dringen notwendig. Weitere Informationen erhalten Sie bei Ihrem Arzt oder auf dem Beipackzettel.

> Die Suche nach der richtigen Medikation war ein mühsamer Prozess. Ritalin® schlug bei mir nicht an. Ich wirkte zwar ruhiger, war es aber nicht. Innerlich fühlte ich mich gehetzt und gleichzeitig zu lethargisch, um zu reagieren. Die Wirkung der Medikation schlug bei mir in den Spitzen zu stark aus. Ich versuchte es mit Concerta®. Das milderte zwar die Schwankungen etwas ab, aber gegen Abend hatte ich dann immer ein Tief. Eine höhere Dosierung machte die Sache nur noch schlimmer: Ich fühlte mich, als ob die Welt an mir vorbeiziehen würde, ohne dass ich darauf reagieren konnte. Ich war gar nicht mehr ich selbst. Letztendlich erwies sich Strattera® als das beste Mittel für mich. Ich fühlte mich nun ruhiger und konnte meinem Tag mehr Rhythmus und Struktur geben. Das Mühlrad in meinem Kopf dreht sich jetzt langsamer, außer in solchen Zeiten, in denen ich beruflich stark gestresst bin. Ich bin konzentrierter und kann jetzt auch mal ein Buch lesen; dafür war ich früher viel zu unruhig. Der Nachteil besteht darin, dass nun die Energie und der Schwung raus sind. Wenn wir früher ausgingen, war ich nicht zu bremsen, und Linda hatte Mühe, mich zur Heimkehr zu bewegen. Heute kriegt man mich nach einem Arbeitstag manchmal nicht mehr aus dem Haus. Mir reicht es dann, wenn ich nach Hause komme, und ich will lieber meine Ruhe haben. (Peter)

Bupropion

Bupropion ist eine Substanz, die in Deutschland zur Behandlung von Depressionen zugelassen ist. Bupropion gibt es in einer kurzfristiger wirkenden Form, die ein- oder zweimal täglich eingenommen werden muss (Zyban®) und einer längerfristig wirkenden Form, die einmal am Tag eingenommen wird (Wellbutrin XR®).

Bupropion blockiert ebenso wie die Stimulanzien und Atomoxetin die Wiederaufnahme von Katecholaminen (Dopamin und Noradrenalin), hat daneben aber noch andere, komplexere Auswirkungen auf die Gehirnzellen. Einige Studien haben die Wirksamkeit von Bupropion bei der Behandlung von ADHS bei Erwachsenen nachgewiesen. Wie bei Atomoxetin baut sich seine Wirkung erst allmählich auf und lässt auch nicht sofort wieder nach, wenn mal eine Einnahme versäumt wird. Im Vergleich zu den Stimulanzien weist es also ähnliche Vor- und Nachteile wie Atomoxetin auf. Da es in Bezug auf die Behandlung von Erwachsenen (und erst recht von Kindern) bisher noch weniger erforscht worden ist, weniger Erfahrungswerte vorliegen und es für Erwachsene mit ADHS auch nur »*off-label*« oder auf Privatrezept verschrieben werden kann, ist Bupropion zurzeit nach den Stimulanzien und Atomoxetin nur das Mittel dritter Wahl. Gebräuchlich sind Dosierungen von 150 bis 300 Milligramm pro Tag. In den USA werden maximale Dosierungen von bis zu 450 Milligramm eingenommen. Die gleiche Maximaldosierung wird auch in den Studien zu ADHS bei Erwachsenen verwendet. Höhere Dosierungen werden mit einem erhöhten Risiko für das Auftreten von Krampfanfällen (epileptischen Anfällen) in Verbindung gebracht.

Zu den häufig auftretenden Nebenwirkungen zählen unter anderem ein trockener Mund, Übelkeit, Schlaflosigkeit, Rastlosigkeit, Schwindel und Kopfschmerzen. Mehr Information erhalten Sie bei Ihrem Arzt oder auf dem Beipackzettel.

Weniger erforschte Medikamente

Für die Behandlung von ADHS bei Erwachsenen wurden auch andere Medikamente wie trizyklische Antidepressiva, Guanfacin und Modafinil erforscht. Dabei handelte es sich jedoch meist um einmalige oder kleinere Studien, sodass noch nicht ganz geklärt ist, ob und inwieweit sie für die Behandlung von Erwachsenen mit ADHS geeignet sind. Außerdem werden sie bei der Indikation von ADHS seltener angewendet und es gilt abzuwarten, bis ihre Wirksamkeit genauer erforscht ist. Wir gehen daher auch nicht weiter auf sie ein.

Zulassung und Kostenübernahme von Medikamenten

Wie im vorigen Abschnitt beschrieben, ist nur ein Medikament für die Behandlung von ADHS bei Erwachsenen zugelassen. Alle anderen Medikamente können momentan nur genutzt werden, wenn sie *»off-label«* verschrieben werden. Was bedeutet das? In Deutschland muss ein Medikament eine Zulassung haben, um in den Handel zu gelangen. Diese Zulassung ist eine Art Genehmigung, die besagt, dass die Wirksamkeit des Medikaments für die Behandlung einer bestimmten Krankheit in Studien nachgewiesen worden und seine Verwendung relativ sicher ist. Manche Medikamente sind in Deutschland zur Anwendung bei Kindern mit ADHS zugelassen. Dabei handelt es sich um Präparate, die Methylphenidat und Atomoxetin enthalten. In Studien konnte also nachgewiesen werden, dass diese Medikamente für die Behandlung von Kindern mit ADHS geeignet sind und ihre Sicherheit ausreichend belegt ist. Diese Medikamente können dann auch vom Arzt verschrieben werden, allerdings nur für Kinder. Wenn Sie aber für Erwachsene verschrieben werden, so ist diese in Einsatz dieser Medikamente außerhalb ihrer arzneimittelrechtlichen Zulassung. Der Arzt muss in diesen Fällen prüfen, ob bestimmte Voraussetzungen gegeben sind, damit er ein Kassenrezept ausstellen kann. Sonst bleibt nur das Privatrezept. Dabei muss der Patient die Kosten selbst übernehmen.

In den USA sind bestimmte Medikamente auch speziell für die Behandlung von ADHS bei Erwachsenen zugelassen. Das ist bei uns bei den meisten Medikamenten noch nicht der Fall. Dass sie in den USA zugelassen sind, bedeutet zwar, dass es dort schon Studien zu diesen Medikamenten in der Behandlung von ADHS bei Erwachsenen gibt. Die zuständigen Instanzen in Europa stellen jedoch andere Anforderungen als die amerikanischen und fordern oft zusätzliche Studien, bevor sie eine Zulassung genehmigen. Seit einigen Jahren werden auch in Deutschland und anderen europäischen Staaten Studien durchgeführt, die sich zum Ziel gesetzt haben, die Zulassung einiger Medikamente für die Behandlung von Erwachsenen mit ADHS zu erwirken. In diesen klinischen Studien erhalten Erwachsene mit ADHS über einen gewissen Zeitraum eine Studienmedikation: Sie besteht entweder aus dem zu erforschenden Medikament oder aus einem Placebo. Ein Placebo ist ein Scheinmedikament ohne aktiv wirksame Substanz, das aussieht wie das echte Medikament. In sogenannten Doppelblindstudien wissen weder die Patienten noch die Forscher, ob der Patient ein wirksames Medikament oder ein Placebo einnimmt. Die Verteilung wird jedoch zentral und anonym registriert, sodass man nach Abschluss des Experiments feststellen kann, welche Gruppe am meisten von der Einnahme profitiert hat: die Gruppe, die das Medikament eingenommen hat, oder die, der das Placebo verabreicht worden ist. Wenn das Medikament bei einer großen Gruppe von Erwachsenen mit ADHS deutlich besser wirkt als das Placebo, kann die Behörde das Medikament für eine neue Indikation zulassen. Natürlich immer unter der Bedingung, dass seine Sicherheit ausreichend belegt ist. Es erhält dann eine Zulassung »für die Indikation ADHS bei Erwachsenen«. Obwohl zurzeit nur ein Medikament dieses pezifische Indikation hat, findet sich auf den Beipackzetteln einiger anderer Medikamente doch der Hinweis darauf, dass in Fällen, in denen ein Kind mit ADHS gut auf die Behandlung mit diesem Medikament angesprochen hat, eine Weiterbehandlung im Erwachsenenalter, falls nötig, sinnvoll sein kann. In diesen Fällen werden die Kosten auch von den Krankenkassen übernommen.

Medikation und Fahrtüchtigkeit

Manche Medikamente wirken sich negativ auf das Reaktionsvermögen aus. Daher ist es strafbar, unter Einwirkung dieser Medikamente am Straßenverkehr teilzunehmen. Wer unter eingeschränkter Fahrtüchtigkeit in einen Unfall verwickelt wird, kann für die Konsequenzen haftbar gemacht werden. Ob ein Medikament die Fahrtüchtigkeit beeinflusst, muss mit dem behandelnden Arzt abgeklärt werden. Aufschlussreich sind in diesem Zusammenhang die Resultate von Studien, die per Computersimulation die Auswirkungen von Stimulanzien auf die Fahrtüchtigkeit von Jugendlichen und Erwachsenen mit ADHS gemessen haben. Im Vergleich zu einer Gruppe, die mit Placebos behandelt wurde, verbesserte sich in diesen Studien die Fahrtüchtigkeit von (jungen) Erwachsenen mit ADHS durch die Einnahme der Stimulanzien.

Ob man Auto fahren darf, hängt jedoch nicht nur von der Medikation, sondern auch von der Erkrankung ab. Denn bei bestimmten Erkrankungen ist das Autofahren untersagt. Fragen Sie daher immer Ihren Arzt um Rat und informieren Sie sich sowohl über die Bestimmungen zu Ihrer Erkrankung als auch zu Ihrer Medikation.

Mehr Informationen erhalten Sie beim Deutschen Verkehrssicherheitsrat. (https://www.dvr.de/ueber-uns/beschluesse/medikamente-im-strassenverkehr)

Medikamente, Alkohol, Drogen und Sucht

Alkohol, Drogen und Medikamente gegen ADHS können sich in ihrer Wirkung auf das zentrale Nervensystem negativ beeinflussen und Nebenwirkungen hervorrufen. Daher ist von Alkoholkonsum während der Behandlung abzuraten. Unabhängig von einer eventuellen Medikation ist auch von Drogenkonsum – auch von dem Konsum weicher Drogen – strikt abzuraten. Denn Menschen mit ADHS haben ein höheres Risiko, ein Suchtproblem zu entwickeln.

Häufig wird die Frage gestellt, ob die Einnahme von Stimulanzien allein süchtig machen kann. Tatsächlich unterliegt der Verkauf von

Methylphenidat-Präparaten in Deutschland dem Betäubungsmittelgesetz. Das bedeutet konkret, dass die Verschreibung und Einnahme dieser Medikamente besonders streng kontrolliert wird. Weil das übrigens auf viele Länder zutrifft, ist es auch sinnvoll, bei einer Auslandsreise ein ärztliches Attest dabeizuhaben. Auf diesem Attest wird zusätzlich zur Dosierung vermerkt, dass das Medikament aus medizinischen Gründen eingenommen wird. In Deutschland wird dazu eine sogenannte Schengen-Bescheinigung verwendet, die der Arzt ausfüllt und die von den jeweiligen Landesgesundheitsämtern zu bestätigen ist. Bei Reisen in Länder, die das Schengener Abkommen nicht unterzeichnet haben, wird empfohlen, die Genehmigung der Botschaft oder des Konsulats des betreffenden Landes einzuholen. Der Grund für diese besonders strenge Kontrolle liegt darin, dass Methylphenidat mit Amphetaminen verwandt ist und daher auch missbraucht werden kann. Die Gefahr eines Missbrauchs ist bei Risikogruppen, zu denen Menschen mit Suchtproblemen und schwerwiegenden Verhaltensproblemen sowie Straftäter zählen, besonders hoch. Daher werden in diesen Gruppen Atomoxetin und bestimmte Antidepressiva (Bupropion, trizyklische Antidepressiva) als Mittel der ersten und zweiten Wahl empfohlen. Denn diese Medikamente haben kein Missbrauchspotenzial. Wenn dennoch Stimulanzien notwendig sind, sind langfristig wirkende Methylphenidat-Präparate, die sich aufgrund ihrer Wirkweise und Kapselstruktur weniger zum Missbrauch eignen, den kurzfristig wirkenden Methylphenidat-Präparaten deutlich vorzuziehen.

Betroffene, die diese Stimulanzien auf ärztlichen Rat hin einnehmen, müssen jedoch nicht gleich befürchten, abhängig zu werden. Jahrelange Erfahrungswerte und zahlreiche Studien haben keine Hinweise darauf hervorgebracht, dass diese Medikamente bei korrekter Einnahme zu einer Sucht führen. Im Gegenteil, es gibt sogar Studien, die belegen, dass Kinder mit ADHS, die Stimulanzien einnehmen, in der Adoleszenz weniger suchtgefährdet sind als Kinder, die keine Medikamente einnehmen. In dieser Hinsicht hätte eine Medikation sogar eher eine Schutzwirkung, vielleicht weil diese Jugendlichen weniger Lernprobleme haben, nicht so impulsiv sind und geringere Verhaltensauffälligkeiten entwickeln. Auch bei Erwachsenen mit

ADHS gibt es kaum Hinweise darauf, dass die therapeutische Anwendung von Stimulanzien zu weiteren Suchtproblemen führt oder die bestehenden Probleme verstärkt.

Zusammenfassung

- Es ist wichtig herauszufinden, welche Beschwerden eine vorrangige Behandlung erfordern.
- Eine Medikation wird bei Erwachsenen mit starker ADHS-Symptomatik als Mittel erster Wahl betrachtet.
- Die meisten Medikamente gegen ADHS wirken sich auf die Dopamin- und Noradrenalinkonzentration in den Nervenspalten zwischen den Nervenzellen aus.
- Am häufigsten werden Stimulanzien (Methylphenidat, Dextroamphetamin) sowie Atomoxetin verschrieben.
- Stimulanzien gibt es in kurzfristig wirkenden und langfristig wirkenden Formen. Die Wirkung von Atomoxetin hält einen ganzen Tag lang an.
- Informieren Sie sich bei Ihrem Arzt über den Einfluss der Medikamente auf die Fahrtüchtigkeit.

4. Psychoedukation und Psychotherapie

Die Einnahme von Medikamenten kann die typischen ADHS-Symptome erheblich verringern. Doch Medikamente genügen in der Regel nicht, um die unzähligen Herausforderungen, die sich ADHS-Betroffenen stellen, zu meistern. »*Pills don't build skills*«, heißt es im Englischen: Medikamente erzeugen keine Fertigkeiten. Sie unterstützen die Konzentrationsfähigkeit und helfen, Impulsivität und Hypermotorik im Zaum zu halten, liefern aber keine Strategien, um schwierige Alltagssituationen zu bewältigen. Außerdem gibt es viele Betroffene, bei denen die Medikation nicht wirksam genug ist, die zu stark unter Nebenwirkungen leiden, prinzipiell keine Medikamente einnehmen wollen oder bisher noch nicht dazu bereit sind.

Daher sollten Erwachsene mit ADHS zwei zusätzliche Behandlungsmethoden in Erwägung ziehen: Psychoedukation und Psychotherapie, besonders die kognitive Verhaltenstherapie und die systemische Therapie. Während Psychoedukation vor allem Erkenntnisse über ADHS vermittelt und Betroffenen helfen kann, die Störung zu akzeptieren, zielt Psychotherapie darauf ab, die Konsequenzen der Störung zu bewältigen und Fertigkeiten zu vermitteln, die den Umgang mit ADHS erleichtern. In den letzten Jahren ist auch das Interesse an »*Mindfulness*« angewachsen, einer Methode, um durch Achtsamkeit Ruhe und Konzentration zu verbessern.

Die konkreten Fragen, die Betroffene an uns herantragen, geben deutlich darüber Auskunft, was sie brauchen. Auch wenn einige schon viel über ADHS gelesen haben, ist es in einer psychoedukativen Gruppensitzung oft erhellend, die eigenen ADHS-Symptome bei den anderen wiederzuentdecken, ihre große Vielfalt wahrzunehmen und etwas über die Sichtweise der anderen darauf zu erfahren. Eine psychoedukative Gruppe hat viele Vorteile. Doch wenn Gruppensitzungen aus irgendeinem Grund nicht empfehlenswert erscheinen oder der Klient selbst nicht dazu bereit ist, sind auch Einzelgespräche möglich.

Auch bei einer Psychotherapie besteht die Möglichkeit, zwischen Einzel- oder Gruppengesprächen zu wählen. Bei Gruppensitzungen innerhalb eines Kompetenz- und Kognitionstrainings wird nach einem festen Programm gearbeitet, sodass die Teilnehmer voneinander lernen und sich gegenseitig unterstützen können. In Einzelsitzungen ist es hingegen eher möglich, auf spezielle Situationen und Bedürfnisse einzugehen.

Menschen suchen aus sehr unterschiedlichen Gründen Hilfe. Im ungünstigsten Fall wird jemand von seinem Partner geschickt und sagt: »Ich komme hierher, aber ich selbst glaube nicht, dass ich ADHS habe.« Manchmal kommen Paare auch gemeinsam mit der Botschaft: »Wenn das so weitergeht, halten wir es nicht mehr miteinander aus.« Probleme am Arbeitsplatz können ebenfalls dazu führen, eine Beratung aufzusuchen. Die Probleme können hier vielfältig sein: eine drohende Kündigung oder ein Burn-out, wiederkehrende Konflikte mit Arbeitskollegen oder Schwierigkeiten mit der Planung und Organisation der Arbeit. Jelle meinte beispielsweise: »Wenn ich meinen beruflichen Werdegang so betrachte, mit sieben Arbeitgebern, von denen ich fünf im Streit verlassen habe, frage ich mich wirklich, was mit mir los ist.«

Gelegentlich kommt es vor, dass jemand, dem eine andere Diagnose gestellt worden ist, weitersucht, weil er das Gefühl hat, dass etwas nicht stimmt. So war es bei Myriam: »Ich habe schon seit Jahren eine Depression, doch mit Antidepressiva allein werde ich sie nicht los. Was mich wirklich fertigmacht, ist das Chaos, das ich nicht in den Griff kriege. Dafür brauche ich Hilfe.« Auch der Moment, in dem beim eigenen Kind ADHS diagnostiziert wird und ein Elternteil viele Eigenschaften seines Kindes an sich selbst wiedererkennt, veranlasst Eltern manchmal dazu, für sich selbst eine Therapie zu suchen. Oft spielt dabei auch der Wunsch eine Rolle, ein gutes Vorbild abzugeben.

Wie dem auch sei: Eine klare ADHS-Diagnose bildet den Ausgangspunkt jeder gezielten Psychoedukation oder Psychotherapie. Auch wenn mit einer Psychotherapie manchmal schon im Vorblick auf eine offizielle Diagnose begonnen werden kann.

> Die Gespräche mit einem Psychiater halfen mir zu erkennen, welche Aspekte meines Verhaltens mit ADHS zusammenhingen. Sie

halfen mir auch, besser mit meinem ADHS umzugehen, vor allem mit meinen organisatorischen Problemen. Aber das Gelernte anzuwenden, bedeutet auch, mich täglich selbst zu erziehen. Dieser Kampf wird mehr und mehr zur Gewohnheit. Ich speichere einmal im Monat in meinem Handy eine Notiz mit der Frage ab: Tom, bist du noch auf dem richtigen Weg? Tust du noch, was du gelernt hast? (Tom)

Was ist Psychoedukation?

Die Nachricht, dass man ADHS hat, ruft sehr unterschiedliche Reaktionen hervor. Während manche Menschen erleichtert sind (»Uff, endlich verstehe ich, warum mir manches so schwerfällt!«), reagieren andere mit Abwehr oder Zurückweisung (»Ich bin nicht gestört!«). Um ADHS nicht mehr als Feind, sondern als Mitstreiter zu sehen, ist es hilfreich zu verstehen, wie die Störung wirkt und warum sie unser Denken, Fühlen und Handeln beeinflusst. Erst mit dem Verständnis wächst bei vielen die Offenheit dafür, bestimmte Fertigkeiten ernsthaft zu trainieren und ihre Medikamente konsequent einzunehmen. Bevor man Medikamente einnimmt, sollte man von ihrem Nutzen überzeugt sein, und dazu kann beitragen, die Wirkmechanismen von ADHS besser zu verstehen. Sein Leben in die richtigen Bahnen zu lenken, erfordert von allen Menschen – mit und ohne ADHS – unermüdlichen Einsatz. Für Menschen mit ADHS stellt das aber eine besondere Herausforderung dar, denn Planung, Orientierung und ein beständiges, lang anhaltendes Engagement können sie partout nicht ausstehen.

Die psychoedukativen Gespräche verfolgen das Ziel, Erkenntnisse über ADHS zu vermitteln, für eine bessere Akzeptanz der Störung zu sorgen, die Einsicht zu vermitteln, dass manche Dinge sich nicht von selbst erledigen, und die Motivation zu erhöhen, langfristig an sich zu arbeiten. In der Regel besteht eine Psychoedukation aus sieben bis acht Sitzungen. Auch wenn in den meisten Fällen Gruppengespräche geführt werden, sind Einzelgespräche ebenfalls möglich. Neben Gruppen für Erwachsene mit ADHS gibt es auch Gruppen für junge Erwachsene und Gruppen für Partner von ADHS-Betroffenen.

Die Akzeptanz, die Teilnehmer in diesen Gruppen finden, ist sehr groß. Sie spüren, dass sie in ihrem Kampf mit den Herausforderungen des Alltags nicht alleine sind. Probleme mit der Organisation, Planung, Konzentration und Impulsivität im häuslichen wie auch in anderen Bereichen kommen in allen Farben und Formen aufs Tapet, und es tut gut zu sehen, dass auch andere mit ähnlichen Schwierigkeiten zu kämpfen haben. Manchmal hilft allein schon zu hören, wie andere ihr ADHS erleben, und gegenseitig Erfahrungen auszutauschen. Außerdem enthalten die Schilderungen anderer Teilnehmer, wie sie mit ihrer Situation umgehen, oft wertvolle Tipps, und es fällt einem manchmal leichter, diese Tipps von einem anderen Betroffenen anstatt von einem Therapeuten anzunehmen. Psychoedukative Gruppen arbeiten auf der Grundlage gegenseitigen Verständnisses und Respekts.

Viele ADHS-Betroffene teilen die Erfahrung, dass die Menschen in ihrem Umfeld oft nicht wissen, wie sie mit dem »Schluderjan« oder »Schussel« zu Hause umgehen sollen. Mitunter glauben sie gar nicht mehr daran, dass sich noch etwas verändern könnte, oder geben widersprüchliche Ratschläge. Psychoedukative Sitzungen bieten die Gelegenheit, innerhalb des sicheren Rahmens einer unterstützenden Gruppe an Veränderungen zu arbeiten. Sie ermöglichen es den Betroffenen, ihr Leben wieder besser zu meistern, und stärken den Glauben daran, ADHS eigenständig bewältigen zu können. Maarten kam beispielsweise nach einigen Sitzungen mit der Nachricht in die Gruppe, dass er sein Zimmer ganz aufgeräumt habe, obwohl dieses Thema noch gar nicht angesprochen worden war. Die Informationen über ADHS und vor allem ein stärkeres Gefühl von Selbstbestimmung genügten bereits, Maarten zu motivieren. Natürlich funktioniert es nicht immer so einfach, aber solche Erfolge ermutigen auch andere Teilnehmer, lang geplante Vorhaben in die Tat umzusetzen.

> Das Verhalten der anderen Teilnehmer an der Psychoedukation wirkte auf mich wie ein Spiegel. Ich erkannte mich darin oft selbst wieder. Das tat mir sehr gut, denn ich hatte das Gefühl, mit meinem ADHS nicht alleine zu sein. Auch bei anderen kam es vor, dass sie schon nach ein paar Minuten nicht mehr wussten, was sie gerade gesagt hatten oder wo sie ihr Glas hingestellt hatten. Ich

hörte von den anderen, was sie schon alles ausprobiert hatten. Der Therapeut bestärkte uns auch darin, aktiv Dinge auszuprobieren und herauszufinden, was für uns funktionierte. Wir wurden ermutigt, unser Leben selbst in die Hand zu nehmen. (Peter)

Dinge, die aufgrund von Reaktionen aus dem Umfeld oft negativ besetzt waren – etwa bestimmte Verhaltensweisen oder schulische Leistungen – erscheinen durch die Psychoedukation in einem ganz anderen Licht. Urteile wie »er ist faul« oder »er will nicht mitmachen« werden eindeutig als falsch erkannt, was für die Betroffenen eine große Erleichterung darstellen kann. Das ist ein erster Schritt dazu, jahrelang mitgeschleppte Schuldgefühle, die auf Fehleinschätzungen anderer beruhten, hinter sich zu lassen! Nicht nur schulische Themen, sondern auch Erfahrungen mit der Familie, den Freunden oder der Arbeit werden dann oft mit anderen Augen betrachtet. Wenn es gelingt, mit den Menschen im eigenen Umfeld über die eigenen Erfahrungen zu reden, kann das langzeitig belastete Beziehungen verbessern. Das kann ein starker Impuls sein und den Betroffenen ein neues Gefühl der Kontrolle über ihr eigenes Leben vermitteln.

Ein Vorteil von psychoedukativen Gruppen liegt darin, dass der Therapeut, der während der Sitzungen den roten Faden im Auge behält und dafür Sorge trägt, dass jeder zu Wort kommt, einer festen inhaltlichen Struktur folgen kann. Themen, die in jeder Psychoedukation zur Sprache kommen, sind: Was ist ADHS? Welche Bedeutung hat eine Diagnose? Ursachen und neurobiologische Grundlagen der Störung, Behandlungsmöglichkeiten, Umgang mit Chaos und Struktur, Einfluss von ADHS auf die sozialen Beziehungen, positiver Blick auf ADHS. In psychoedukativen Einzelsitzungen wird diese inhaltliche Struktur oft wegen akuter Problemsituationen, die einer Lösung bedürfen, durchbrochen. Die Trennlinie zur Psychotherapie ist dann oft dünn.

Wie gestaltet sich eine Psychotherapie bei ADHS?

Ergänzend oder im Anschluss zu einer Psychoedukation suchen viele Betroffene auch nach konkreten Ratschlägen, wie sie mit ADHS und dessen vielfältigen Folgen umgehen sollen. Nachdem sie einmal erkannt haben, welche Bereiche von ADHS beeinflusst werden, möchten sie Fertigkeiten, die sie nicht oder nicht ausreichend beherrschen, für sich entwickeln. Dabei geht es in der Regel um praktische Grundkompetenzen, wie Ordnung und Struktur zu schaffen, Prioritäten zu setzen und seine Umgebung so zu gestalten, dass Ablenkungen reduziert werden. Aber auch bestimmte soziale Verhaltensweisen, etwa andere schnell zu unterbrechen oder einer Bitte zu schnell nachzugeben, können ausführlich thematisiert werden. Zu erkennen, wie ADHS sich auswirkt, ist eine Sache, sein eigenes Denken und Handeln entsprechend zu verändern, eine andere. Denn das erfordert Zeit und langfristige Anstrengungen.

Bei ADHS sind zwei Therapieformen zu empfehlen: die kognitive Verhaltenstherapie und die systemische beziehungsweise Familientherapie. Wie der Name schon vermuten lässt, liegt der Akzent bei der systemischen beziehungsweise Familientherapie nicht allein auf der Verbesserung der individuellen Fertigkeiten. Der Therapeut betrachtet vielmehr auch den Einfluss des Kontextes auf jede Intervention und untersucht im Gespräch mit den Eltern, dem Partner oder den Kindern des Betroffenen, wie das Zusammenwirken aller Beteiligten verändert und verbessert werden kann.

> Nachdem meine Diagnose gestellt worden war, war ich einerseits erleichtert, nun hatte ich endlich eine Erklärung für alles, was jahrelang so problematisch verlaufen war. Doch dann fiel ich in ein Tief. Ich hatte meine Diagnose ja ziemlich spät erhalten und nun sah ich alles, was vorher passiert war, in einem anderen Licht. Es gab so viele Trümmer, die nun beseitigt werden mussten! Wenn ich früher gewusst hätte, was mit mir los ist, wäre mein Leben wohl ganz anders verlaufen. Ohne diese vielen Umzüge und zerbrochenen Beziehungen … Der Gedanke, dass das vielleicht vermeidbar gewesen wäre, ist schmerzhaft. (Peter)

Die Dinge sind oft nicht so, wie sie zunächst scheinen. Wer nicht rechtzeitig zu Verabredungen kommt, gilt schnell als vergesslich oder desinteressiert. Aber das trifft nicht auf Michael zu. Er ist ein gewissenhafter Mensch, der sich gewissenhaft an die Termine in seinem Kalender hält, dem es aber manchmal schwerfällt, sie präzise in seinem Kalender zu notieren. Er vermerkt zum Beispiel einen Termin zwar am richtigen Wochentag und zur richtigen Zeit, aber in einer falschen Woche. Und dann ist es nur logisch, dass er nicht zur richtigen Zeit am richtigen Ort erscheint. Wie Michael besser mit seinem Kalender umgehen kann, ist daher auch eine Frage, die in seiner Therapie bearbeitet wird. Hier können die ganz konkreten Probleme angegangen werden.

Die Menschen in Michaels Umgebung waren schon oft über seine Nachlässigkeit verärgert. Doch ein Therapeut, der mit ADHS vertraut ist, wird sich darüber nicht so rasch aufregen. Denn das taten die anderen schon mehr als genug! Es ist hilfreich, die Dinge mit einem neutralen Blick zu betrachten und nach praktikablen Lösungen zu suchen. Diese Lösungen können für drei Menschen mit demselben Problem völlig unterschiedlich aussehen und sie erfordern etwas Kreativität. Für ADHS gibt es keine Patentlösung, es geht immer darum, individuelle Hilfestellungen zu entwickeln.

Daher sind mit der Behandlung von ADHS das Erlernen und Einüben gewisser Fertigkeiten und die Suche nach individuellen Lösungen für spezifische Probleme auch unlösbar verbunden. Das klingt simpel, ist es aber selten. Warum sollte es denn sonst den Betroffenen in all den Jahren, trotz ihrer Erziehung, der Hilfestellungen und angebotenen Lösungsmethoden noch nicht gelungen sein, die richtige Lösung zu finden? Das hat meistens viele Ursachen. Und die Lösungen der Probleme sehen für Menschen mit ADHS meist etwas anders aus als für das Gros der Bevölkerung. Negative Erfahrungen haben tief greifende Spuren in ihrem Denken hinterlassen. Daher gehen in der Therapie lösungsorientiertes Arbeiten und die Wahrnehmung und Korrektur des eigenen Denkens Hand in Hand.

In einer kognitiven Verhaltenstherapie macht der Therapeut von der Methode der sogenannten kognitiven Umstrukturierung Gebrauch.

Er analysiert mit dem Klienten Situationen und sucht nach Gedanken, die dessen Gefühle unbewusst negativ beeinflussen und ihn daran hindern, das zu tun, was er eigentlich tun will. Nehmen wir zum Beispiel Martines Problem, morgens rechtzeitig aufzustehen. Martine ist eine vernünftige Frau, die ihren Job ernst nimmt. Doch aus den Federn zu kommen ist für sie jeden Morgen ein Kampf. Obwohl sie die Summfunktion ihres Weckers auf vier Wiederholungen eingestellt hat, steht sie trotzdem zu spät auf. Der Therapeut bespricht mit Martine, welche Gedanken und Gefühle bei ihr in solchen Momenten aufkommen. Zunächst denkt Martine, dass sie noch ein bisschen gemütlich liegen bleiben will. Kurz darauf sagt sie sich: »Los geht's, Martine, steh auf!« Und direkt danach taucht auch schon der erste negative Gedanke auf: Ich schaffe es wohl wieder nicht. Aus ihm erwächst ein Selbstvorwurf, ein Schuldgefühl, Angst und Machtlosigkeit … Diese negative Spirale, die sich bei Martine in unzähligen Erfahrungen aufgebaut hat, entfaltet eine lähmende Wirkung und hindert sie an ihrem Vorhaben, aufzustehen.

Zunächst lernt Martine, dieses Muster negativer Gedanken und Gefühle zu erkennen, indem sie sich morgens im Bett selbst beobachtet. Danach macht sie sich gemeinsam mit ihrem Therapeuten auf die Suche nach möglichen kleinen Veränderungen, mit denen sie dieses Muster durchbrechen kann: etwa das dritte Summen des Weckers durch einen deutlich vernehmbaren Klingelton zu ersetzen; oder einfach an nichts mehr zu denken und mit einem Schwung aufzustehen. Das waren zwar gute Versuche, aber sie brachten leider nicht gleich den gewünschten Effekt. Auch unterstützende Gedanken (zum Beispiel: »Wenn du aufstehst, fühlst du dich gleich besser«, oder: »Du kannst dann schön lange warm duschen«) genügten nicht. Was Martine letztlich wirklich motivierte, war die Vorstellung, früher wieder zu Hause zu sein und so noch einen freien Abend zu haben, wenn sie rechtzeitig mit der Arbeit begann. Es ist manchmal ein mühsamer Prozess, ein problematisches Muster durch ein wirklich funktionierendes zu ersetzen. Die Kunst besteht darin, schnell automatisch aufkommende negative Gedanken und Gefühle durch unterstützende Gedanken zu ersetzen.

Jeder hat dabei seine eigenen Themen und sein eigenes Tempo. Während Martine einige Wochen brauchte, bevor sie es schaffte, früher aufzustehen, gelangen Lies die notwendigen Veränderungen schnell. Anfangs fühlte sich Lies unsicher und ängstlich und traute sich in ihrem neuen Arbeitsumfeld kaum, eine Frage zu stellen. Sie wirkte sehr schüchtern. Wenn ihr jemand erklärte, was sie zu tun hatte, dachte Lies gleich: »Ich bin zu langsam, ich muss mich besonders konzentrieren. Wahrscheinlich denken sie, dass ich das alles eigentlich schon können müsste. Vielleicht haben sie schon entschieden, dass das alles eigentlich gar nichts mehr bringt, dass ich es sowieso nicht lerne.« Ihre Unsicherheit ging letztlich auf die vielen Kommentare zu ihrer Langsamkeit zurück, die sie sich während ihrer Schulzeit anhören musste. Was Lies schließlich weiterhalf, war die Erkenntnis: Langsam zu sein, ist gut für mich; wenn ich etwas in meinem Tempo erledige, wird es gut. Außerdem machte sie sich klar, dass niemand alle neuen Aufgaben sofort meistern kann und dass sie eine Reihe einzigartiger Fähigkeiten hatte, die sie in ihrem neuen Job sicherlich gut einbringen konnte. Und als sie sich dann noch selbst davon überzeugt hatte, dass man durch das Stellen von Fragen Fehler häufig vermeiden konnte, fiel ihr auch das leichter. Schon bald hatte sie ihre Schüchternheit an ihrem neuen Arbeitsplatz überwunden.

Dass es manchmal sehr schwierig ist, über solche Schwellen hinwegzukommen, hat häufig mit der emotionalen »Ladung« eines Themas zu tun. Weil Lies sich in der Vergangenheit immer wieder negative Bemerkungen dazu anhören musste, dass sie zu langsam sei, genügte der geringste Hinweis auf ihr Tempo, um sie aus der Fassung zu bringen. Da ADHS vor einigen Jahrzehnten noch wenig bekannt war, fanden die heutigen Erwachsenen in ihrer Kindheit meistens wenig Verständnis. So haben viele ein Versagensgefühl entwickelt, das für ihr Selbstvertrauen und ihr Selbstbild sicherlich nicht gerade förderlich war. Doch wenn man die von ADHS geprägten Eigenschaften anders wahrzunehmen lernt und die eigene Reaktion auf andere korrigiert, kann man sein negatives Selbstbild überwinden. Muster, die jahrelang festgefügt waren, verschwinden natürlich nicht von allein wie Schnee in der Sonne. Es bedarf konsequenter Arbeit und eines wohlwollenden Umgangs mit sich selbst.

> Weil ich mir früher oft Kommentare über mein Verhalten anhören musste, fühle ich mich ständig schuldig, wenn etwas schiefläuft und neige dazu, mir die Verantwortung dafür zuzuschieben. Meine Therapeutin hilft mir zu erkennen, wo die Grenzen meiner eigenen Verantwortung liegen und wo die der anderen beginnt. Das ist eine Erleichterung für mich: Nicht alles, was schiefgeht, ist meine Schuld. Wir haben das in der Arbeit mit kognitiven Schemata entdeckt. Dabei gehen wir von einer konkreten Situation aus, zum Beispiel einem Konflikt mit einem Kollegen, und schauen uns dann an, welche Gedanken und Gefühle in dieser Situation entstehen. Manchmal kommen dabei alte unverarbeitete Dinge an die Oberfläche. Am Ende verstehe ich den Konflikt besser und finde auch eine bessere Art, damit umzugehen.
> Die Therapie bietet mir auch Hilfestellungen in praktischen Dingen. Hier entstand zum Beispiel auch die Idee, einen festen wöchentlichen Termin für lästige Aufgaben wie Büroarbeiten einzuschieben, damit sie zu einer Art Routine werden. (Jill)

Um längere Zeit eine positivere Denkweise beizubehalten, braucht man ein paar Erfolgserlebnisse. Es gibt viele Strategien und Tipps für ADHS-Betroffene, die ihre Chancen erhöhen, neue Fertigkeiten zu erlernen oder bestimmte Aufgaben zu erledigen.

Eine Aufgabe, die zu groß wirkt, um sie zu meistern, lässt sich beispielsweise oft aufteilen. Es hilft, sich selbst für das, was man bereits erledigt hat, zu belohnen, statt die Latte zu hoch zu legen. »Darf ich mich auch über so etwas Lächerliches freuen wie das Aufräumen eines Schränkchens?«, fragte sich Myriam. Jede Kleinigkeit zählt. Wie in der Redeweise »Man sieht das Glas entweder halb voll oder halb leer« kann man sich entscheiden, ob man über alles, was (noch) misslingt, jammert oder sich für das, was man schon geleistet hat, auf die Schulter klopft.

Viele Therapeuten geben ihren Klienten als »Hausaufgaben« Übungen auf, die ihnen dabei helfen können, die eigenen Muster besser zu erkennen oder bestimmte Fertigkeiten wahrzunehmen und einzuüben. Letztlich kommt es darauf an, seine kognitiven Schemata selbst erkennen zu lernen. Es gibt praktische Listen, die das erleichtern. Erwachsene mit ADHS lernen, ihre destruktiven Gedanken selbst durch förderliche

Gedanken zu ersetzen. Die Erfahrung zeigt, dass das nicht einfach ist und man dafür in der Regel Hilfe benötigt.

Es ist auch wichtig, sich in der Therapie anerkannt und wohlzufühlen. Ist das nicht der Fall, heißt das nicht gleich, dass man dort fehl am Platz ist. Doch man sollte sich dann selbst einige Fragen stellen, zum Beispiel: Finde ich hier genug Akzeptanz für meine Probleme? Habe ich das Gefühl, nicht verstanden zu werden? Bin ich nicht zu ungeduldig und dränge zu schnell auf Resultate? Es ist wichtig, mit seinem Therapeuten über diese Themen zu sprechen. Weitere relevante Fragen könnten sein: Will ich denn überhaupt an meinen Schwierigkeiten arbeiten? Bin ich schon dazu bereit, mich mit meiner Diagnose auseinanderzusetzen? Wer nicht bereit ist zu akzeptieren, dass ihm ADHS in einigen Lebensbereichen das Leben schwer macht, ist oft auch nicht dazu motiviert, an sich selbst zu arbeiten und die notwendigen Anstrengungen zu unternehmen, um sich zu ändern. Daher ist es auch wichtig, nach der eigenen Motivation zu suchen und sich auch etwas Zeit dafür zu geben. Das erhöht die Erfolgschancen einer Therapie. Zu guter Letzt gibt es auch Menschen, die sich auf das starke Drängen anderer, zum Beispiel ihres Vorgesetzten, ihrer Eltern oder ihres Partners, in Therapie begeben. Das kann funktionieren, weckt aber häufig auch Widerstand. Man benötigt einfach ein ausreichendes Maß an Eigenmotivation, um eine Therapie durchzustehen. Wer aus Ungeduld abspringt oder weil er die Diagnose noch nicht akzeptieren kann, nimmt den Faden zu einem späteren Zeitpunkt oft wieder auf.

Es gibt Studien zu den positiven Auswirkungen individueller kognitiver Verhaltenstherapien bei Erwachsenen mit ADHS, und weltweit werden zurzeit auch Studien zu den Auswirkungen kognitiver Verhaltenstherapiegruppen durchgeführt. Dieser Ansatz verbindet die Vorteile dieser Therapieform mit denen einer Gruppentherapie, nämlich einer gegenseitigen Unterstützung und Wertschätzung. Eine kognitive Verhaltenstherapie wird in Deutschland in der Regel von der Krankenkasse übernommen, wenn der Therapeut eine Kassenzulassung hat. Hier ist es immer wichtig, den Therapeuten vor Therapiebeginn zu fragen, ob seine Behandlung von der Krankenkasse erstattet wird oder ob man die Kosten selbst übernehmen muss.

Neue Fertigkeiten

- Menschen mit ADHS können sich neue Fertigkeiten aneignen.
- Es ist hilfreicher, sich selbst zu belohnen, statt sich zu bestrafen.
- Die Umwandlung von negativen in positive Denkmuster ist ein Prozess, der Zeit erfordert.

Systemische Therapie

Die systemische Therapie richtet ihr Augenmerk stärker als andere Therapieformen auf die Beziehungen zu bedeutsamen Menschen des näheren Umfelds (Partnern, Eltern, Kindern, Vorgesetzten …) und die Art und Weise, wie die Menschen sich wechselseitig beeinflussen. Die systemische Therapie und die kognitive Verhaltenstherapie stehen nicht im Widerspruch zueinander, sondern ergänzen sich. Wenn sich ein ADHS-Betroffener in einer Einzeltherapie neue Fertigkeiten aneignet, beginnt er auch die eigenen Handlungen und die bestehenden Probleme mit ganz anderen Augen zu betrachten. Das kann für das System, in dem er lebt, gravierende Konsequenzen haben. Diese Folgen sind nicht per se positiv. Oder sie werden zumindest, solange die Veränderungen noch vollauf im Gange sind, nicht immer positiv wahrgenommen. Daher ist es äußerst ratsam, die möglichen Auswirkungen auf das Umfeld zu berücksichtigen. Wenn der Therapeut darauf besonders achtet, gehen auch die Betroffenen viel bewusster und sensibler mit ihren Beziehungen um und setzen auf diese Weise allmählich eine positive Spirale in Gang.

Manchmal ist es jedoch auch sinnvoll, bedeutsame Menschen aus dem Umfeld direkt in die Therapie mit einzubeziehen, um ungünstige Beziehungsmuster zu durchbrechen. Oft stellen sich Personen im Umfeld eines Betroffenen die Frage, wie sie ihrem Partner oder ihrem Kind helfen können, ohne selbst auf der Strecke zu bleiben.

So war es auch bei Sien und ihrem Partner Eddy. Eddy übernahm zu Hause viele praktische und organisatorische Pflichten, weil er in diesen Dingen nun einmal besser war als Sien. Aber zusammen mit seinem Vollzeitjob wurde ihm das mit der Zeit einfach zu viel. Aus reiner Ohnmacht und Wut zog Eddy aus der gemeinsamen Wohnung aus, obwohl er immer noch etwas für Sien empfand. Sien wollte unbedingt, dass ihre Beziehung wieder ins Lot kam. Und dazu war es wichtig, Eddy in die Therapie ihres ADHS mit einzubeziehen. Diese Gespräche können manchmal sehr schmerzhaft sein, daher ist es sinnvoll, zunächst mit jedem einzeln zu sprechen. Beide Partner müssen sich sicher sein, respektiert zu werden, bevor eine Veränderung möglich wird.

Auch die Eltern junger Erwachsener mit ADHS können gelegentlich von einer gesonderten Therapiesitzung profitieren, wenn die Frustration und die oft berechtigte Sorge um ihr Kind zu groß geworden sind. Viele junge Erwachsene mit ADHS kommen zwar weitgehend zurecht, doch in bestimmten Bereichen, etwa beim Umgang mit Geld oder in ihrer Arbeit stoßen sie an ihre Grenzen. Wir dürfen nicht vergessen, dass bei 80 Prozent aller Menschen mit ADHS auch noch andere Störungen vorliegen. Das macht es alles andere als leicht, sich wichtige Fertigkeiten anzueignen. Selbst wenn junge Erwachsene ziemlich intelligent sind, fällt es ihnen oft schwer, Disziplin zu wahren, eine feste Anstellung zu finden, aufschiebendes Verhalten zu vermeiden und die Zahl der Ablenkungen zu verringern. Eltern tun oft ihr Bestes, um ihre Kinder möglichst gut dabei zu unterstützen, aber manchmal hapert es beträchtlich an der Kommunikation. Ein gutes Einvernehmen zwischen Eltern und Heranwachsenden ist jedoch sehr wichtig. Wenn die jungen Erwachsenen keine Familie haben, auf die sich verlassen können, geraten sie angesichts der Vielzahl von Anforderungen, die das Leben an sie stellt, leichter in Schwierigkeiten. Junge Erwachsene mit ADHS entwickeln sich in einem anderen Tempo als viele Gleichaltrige. Sie verpassen im Laufe ihrer Ausbildung oft den Anschluss, und der Übergang zur Selbstständigkeit verläuft nicht immer reibungslos. Ihre Eltern möchten sie zwar gerne loslassen, bringen aber nicht immer den Mut dazu auf. Eine systemische Therapie kann diesen Prozess begleiten.

> Ich bin mit so vielen Dingen gleichzeitig beschäftigt, dass meine Partnerin den Eindruck hat, ich beschäftige mich eigentlich mit gar nichts. Manchmal sage ich auch verärgert: »Ich denke schon daran«, wenn meine Frau Linda mich an etwas erinnert, was erledigt werden muss. Aber sie kann natürlich nicht sehen, was mir

> durch den Kopf geht, und wartet auf fassbare Resultate. Ich mache zwar viel im Haushalt, aber wenn ich die Küche putze, wische ich nicht über jede kleine Kante. Und wenn ich im Garten den Rasen mähe, lasse ich vielleicht die Hälmchen am Rand stehen. So akribisch arbeite ich nicht. Man braucht eine Partnerin, die darüber nicht nörgelt. Früher hatte ich immer das Gefühl, für meine Anstrengungen nicht genug gewürdigt zu werden. Doch seit Linda weiß, was mit mir los ist, hat sich das gebessert. (Peter)

Um einer ADHS-Behandlung möglichst große Erfolgschancen zu geben, sollte das Umfeld über die aktuellen Veränderungen informiert sein und diese aktiv unterstützen.

Mathieu begann beispielsweise immer wieder mit neuen Renovierungsarbeiten an seinem Haus. Seine Frau war an seine unvollendeten Projekte gewöhnt. In seiner Einzeltherapie gewann Mathieu mehr Einblick in die Gründe für sein mangelndes Durchhaltevermögen; das ermutigte ihn dazu, seine Projekte nun anders anzugehen. Voller Zuversicht begann er das Dach der Veranda zu renovieren. Seine Frau reagierte darauf jedoch nur mit der süffisanten Bemerkung: »Das endet doch wieder genauso wie immer!« – Und Mathieu verließ der Mut.

Veränderungsprozesse funktionieren viel besser, wenn das Umfeld sie unterstützt. Systemische Therapie kann wichtige Impulse geben, um aus dem Gleichgewicht geratene Beziehungsmuster wieder ins Lot zu bringen, wie bei Sien und Eddy, oder um gemeinsam eine neue und bessere Handlungsweise zu unterstützen. Denn Veränderungen sind schließlich nur dann nachhaltig, wenn sie auch wirklich im näheren Umfeld verankert sind.

Was macht eine Therapie erfolgreich?

Amerikanische Wissenschaftler haben unlängst alle bestehenden Studien zur ADHS-Therapie gesichtet und sind zu dem Ergebnis gelangt, dass eine

Kombination aus Medikation und Psychotherapie sehr effektiv ist.[1] Der Vergleich einer Gruppe von Erwachsenen mit ADHS, die Medikamente einnahmen, mit einer Gruppe, die sich zusätzlich zur Medikation auch noch einer kognitiven Verhaltenstherapie unterzog, hat ergeben, dass die zweite Gruppe später weniger Probleme mit ADHS-Symptomen aufwies und auch weniger unter Angstzuständen oder Depressionen litt. Dieses Resultat ergab sich sowohl aus der Einschätzung der ADHS-Patienten selbst als auch aus der Evaluation eines unabhängigen Wissenschaftlers (der nicht wusste, wer zu welcher Gruppe gehörte). Auch andere Studien, in denen Gruppen von Betroffenen sowohl an einer Psychoedukation als auch an einem Fertigkeitstraining teilnahmen, zeigten positive Resultate. Die Teilnehmer berichteten, sie hätten nach den Gruppensitzungen weniger Schwierigkeiten mit ihrer Organisation, ihrer Aufmerksamkeit und ihrem emotionalen Gleichgewicht und wären nicht so leicht reizbar. In Hinsicht auf Selbstvertrauen ergaben sich in den Studien unterschiedliche Resultate: Nur in einer der Studien wurde eine Steigerung des Selbstvertrauens festgestellt. Eine Erklärung dafür könnte sein, dass Menschen, die sich mit ihrem ADHS auseinandersetzen und dabei erkennen, welche Konsequenzen die Störung für ihr Leben bereits hatte, manchmal eine schwierige Phase durchmachen, bevor sie »die Trümmer« hinter sich lassen können.

Bei welchen Themen helfen Psychoedukation und Psychotherapie?

Therapien und psychoedukative Trainings, die sich an Erwachsene mit ADHS richten, können die Alltagsprobleme von ADHS-Betroffenen, wie Schwierigkeiten mit Organisation und Planung, leichte Ablenkbarkeit und aufschiebendes Verhalten, nicht ausklammern. Auch der Umgang mit unangenehmen Gefühlen (schnelle Verärgerung, Ungeduld, Zorn und Frustration) und kommunikativen Fertigkeiten ist fast immer

1 Knause, L.; Cooper, C. et al.: ›Recent developments in psychological treatment of adult ADHD‹, in: Expert Review of Neurotherapeutics, 2008/8.

ein Thema. Es ist nicht mehr als logisch, dass es Teil jeden psychoedukativen und therapeutischen Vorgehens ist, Schwierigkeiten zu erkennen und besser mit ihnen umgehen zu lernen, auch wenn natürlich in jeder Gruppe und bei jedem einzelnen Klienten eingeschätzt werden muss, was bei ihr beziehungsweise ihm im Vordergrund steht. Je nach Ansatz kann der Nachdruck dabei eher auf die Erkenntnis oder auf die konkrete Verbesserung bestimmter Fertigkeiten (wie des Setzens von Prioritäten, der Arbeit mit Zeitplänen und realistischer Aufgabenlisten oder des ablenkungsarmen Einrichtens eines Arbeitsumfelds) liegen.

Auf einer grundlegenderen Ebene geht es darum, unwillkürlich auftauchende negative Gedanken zu erkennen und anders mit ihnen umzugehen. In familiärer Hinsicht geht es um Beziehungsstörungen zum Partner oder zu den Kindern oder auch um eine Verarbeitung der Beziehungsstörungen zu den Eltern.

Zu guter Letzt dürfen wir nicht vergessen, dass die meisten Menschen mit ADHS auch noch unter anderen Störungen leiden. Daher muss der Therapeut immer abwägen, welche Probleme zuerst eine Behandlung erfordern. Wenn beispielsweise Angstzustände stark lähmend wirken, wird der Therapeut sicherlich zuerst versuchen, eine Besserung zu erreichen, bevor er sich mit dem Klienten zusammen neuen Fertigkeiten widmet. Das wachsende Verständnis für das Zusammenwirken der unterschiedlichen Störungen hilft dem Klienten, sein Leben mehr und mehr in den Griff zu bekommen.

Ist Coaching bei ADHS sinnvoll?

Coaching ist in unserer Kultur zu einem populären Begriff geworden. In der Welt des Sports sind *Coachs* schon lange üblich, und auch in der Wirtschaft sind sie auf dem Vormarsch. Coaching lässt sich ebenso auf anderen Feldern einsetzen, man denke an einen Karrierecoach oder einen Gesundheitscoach. Und so hat der Coach nun auch Einzug in die ADHS-Welt gehalten.

Ein Coach wird meistens eingeschaltet, wenn es um die Umsetzung einer bestimmten Aufgabe geht: etwa um die Organisation der Büroarbeiten oder um das Aufräumen eines Zimmers. Während eine

Therapie das Ziel hat, Klienten Fertigkeiten zur Bewältigung der unterschiedlichen Lebensbereiche zu vermitteln, geht es beim Coaching um klar umrissene Aufgabenstellungen und die Unterstützung des Klienten in einem konkreten Bereich. Während der Therapeut dem Klienten Einsicht in das Wie und Warum seiner Gedanken, Gefühle und seines Verhaltens zu vermitteln versucht und ihm zur Einsicht verhelfen will, warum er manchmal über sie stolpert, richtet sich die Aufmerksamkeit des Coachs auf eine konkrete auszuführende Handlung. Ein dritter Unterschied zwischen einer Therapie und einem Coaching besteht darin, dass man zur Therapie einen Therapeuten aufsucht, während ein Coach oft auch nach Hause kommt oder telefonisch beziehungsweise per E-Mail für eine Intervention oder einen Rat zur Verfügung steht. Zu guter Letzt ist ein Coaching auf Problemen mit ganz bestimmten Fertigkeiten ausgerichtet, während eine Therapie jedes einzelne Problemfeld und jede Komorbidität in die Behandlung mit einbezieht.

Die Langzeitwirkung von Coaching ist noch wenig erforscht: Was geschieht, wenn das Büro organisiert und das Wohnzimmer aufgeräumt ist? Bleiben die Fertigkeiten erhalten, oder verflüchtigen sie sich, sobald der Coach die Tür hinter sich schließt? Die Chance, dass die Effekte eines Coachings nachhaltiger sind, ist wohl größer, wenn der Coach auch konkrete Fertigkeiten stimuliert, wie das Setzen von Prioritäten oder das Entwerfen eines Aktionsplanes oder einer Strategie. Die erlernten Fertigkeiten können dann vielleicht später wieder abgerufen und eingesetzt werden.

Bei der Überlegung, einen professionellen Coach einzuschalten, spielt sicherlich auch der finanzielle Aspekt eine Rolle, vor allem wenn Klienten bereits die Kosten für eine Therapie tragen müssen. Manchmal kann vielleicht auch anstelle eines Coachs eine andere Person, zum Beispiel eine Freundin, helfen:

Myriam hat bemerkt, dass sie sich bei Aufräumaktionen manchmal total verzettelt. Sie brauchte jemanden, der sie bei der Stange hält. Myriam: »Ich kann zwar selbst damit beginnen, etwas zu organisieren oder aufzuräumen, aber ich finde es schwierig durchzuhalten. Eigentlich brauche ich einen Coach und immer wieder mal ein Schulterklopfen. Weil ich weiß, dass meine Konzentration ihre Grenzen hat, versuche ich, die Aufgaben in kleinere Einheiten aufzuteilen, ich nehme mir zum Beispiel vor, nur diesen einen Schrank in der Küche aufzuräumen. Doch dann finde ich in diesem Schrank alle möglichen Schachteln mit Krimskrams, mit dem ich mich dann so lange beschäftige, dass der Rest des Schranks unaufgeräumt bleibt.«

Um mit den Aufräumarbeiten in ihrer Küche voranzukommen, hat Myriam eine Freundin eingeschaltet. Damit die Freundschaft nicht zu überstrapaziert wird, beschränkt sich Myriam auf klar begrenzte Bitten (»Kannst du mir dieses Wochenende dabei helfen, einen Karton mit Unterlagen zu sortieren?«, »Hast du nächsten Monat Zeit, mit mir meine Garage in Angriff zu nehmen?«). Niemand wird gerne regelmäßig gefragt, ob er sich an einer unübersichtlichen Arbeit beteiligen kann. Außerdem wäscht eine Hand die andere: Vielleicht hat Myriam später einmal Gelegenheit, eine ihrer Stärken dafür einzusetzen, diesem Freund oder dieser Freundin aus der Patsche zu helfen.

Bei jungen Erwachsenen ist es nicht unüblich, wenn ein Elternteil die Rolle des Coachs einnimmt. Wie gut gemeint und wirkungsvoll das auch erscheinen mag, es hat doch seinen Preis. Denn wenn die Eltern für einen jungen Erwachsenen mit ADHS ständig den Retter in der Not spielen, kann das die Beziehung mit der Zeit vergiften. Der Sinn des Ganzen besteht doch letztlich darin, dem jungen Erwachsenen dabei zu helfen, sein Leben selbst in die Hand zu nehmen, ganz gleich, ob er dazu in den sauren Apfel beißt und seine Angelegenheiten eigenständig regelt oder sich eine Putz- oder Haushaltshilfe organisiert. Oft brauchen junge Erwachsene professionelle Unterstützung, damit die Eltern ihre Position als Coach ohne allzu große Konsequenzen allmählich aufgeben können.

Ist Achtsamkeitstraining bei ADHS hilfreich?

Mindfulness oder Achtsamkeitstraining ist mittlerweile auch in Deutschland populär geworden. Anfang der Neunzigerjahre entwickelte der Amerikaner Jon Kabat-Zinn an der Universität von Massachusetts in den USA sein *Mindfulness-Based-Stress-Reduction-Programm (MBSR)* auf der Grundlage von Yoga und Elementen aus der

Verhaltenstherapie. In Dutzenden von Sitzungen lernen die Teilnehmer, ihrer Körperwahrnehmung nachzuspüren und ihre Aufmerksamkeit besser auszurichten. Dieses MBSR-Programm, das zurzeit enorm an Popularität gewinnt, wird heute in einer Vielzahl von Ländern eingesetzt, um Druck und Stress zu verringern. »Weil wir für unseren Stress oft kein gutes Ventil finden, kämpfen wir ständig mit einem Zustand von Anspannung und Druck«, sagt Jon Kabat-Zinn.

Die Kunst besteht darin, seine Aufmerksamkeit darauf zu lenken, was im eigenen Körper und Geist vorgeht, und so nicht mehr mit Widerstand auf Stress zu reagieren. Das schafft eine neue Balance zwischen Körper und Geist und damit auch im Gefühlsleben. Neben einer Reihe von Übungen, die sich auf das Körperbewusstsein konzentrieren, wird Achtsamkeit auch durch Meditation eingeübt. Außerdem enthält das heute übliche MBSR-Training einen kognitiven Aspekt: Die Teilnehmer lernen wahrzunehmen, wie sie sich durch bestimmte Gedanken hetzen oder entmutigen lassen, und lernen, anders mit diesen Gedanken umzugehen.

Das Training hat seinen Nutzen für unterschiedliche Personengruppen erwiesen und mittlerweile auch seinen Weg in die ADHS-Behandlung gefunden. In den USA wurde das Training von Spezialisten für eine Gruppe Erwachsener und Jugendlicher mit ADHS angepasst. Dahinter steht die Auffassung, dass die in *Mindfulness*-Übungen erforderte Achtsamkeit sich positiv auf die Aufmerksamkeitsprobleme, Ablenkbarkeit und Gefühlsschwankungen auswirken könnte, unter denen viele ADHS-Betroffene zu leiden haben. Die Experten begannen mit 24 Erwachsenen und 8 Jugendlichen zu arbeiten. Neben den wöchentlichen Sitzungen sollten sie, wie im *Mindfulness*-Training üblich, täglich bestimmte Übungen machen. Das Programm wurde durch Elemente der Psychoedukation bei ADHS ergänzt.

Die Teilnehmer erklärten anschließend, sie seien sehr zufrieden, die Sitzungen hätten ihnen tatsächlich geholfen, Symptome wie Unaufmerksamkeit, Hyperaktivität und Impulsivität um ein Drittel oder mehr zu reduzieren. Die erwachsenen Teilnehmer gaben zudem an, dass sich ihre Angstzustände und depressiven Gefühle verringert hätten. Vorläufig also ein positives Resultat, wenn auch nur für eine begrenzte Gruppe. Es erscheint jedenfalls nicht unlogisch, dass ein Programm, das sich zum Ziel gesetzt hat, die Achtsamkeit und Konzentration zu steigern, Personen mit ADHS zugutekommen kann. Während viele Therapien Strategien entwickeln, um die Probleme zu kompensieren, zielt *Mindfulness* unmittelbar auf die Kontrolle der Aufmerksamkeit ab. Man muss jedoch bedenken, dass die Forschung zu *Mindfulness* bei ADHS noch in den Kinderschuhen steckt. Eine angepasste Form des *Mindfulness*-Trainings ist angesichts des Charakters der Störung gewiss sinnvoll, es besteht aber die Notwendigkeit weiterer Forschungen zum Vergleich dieser Methode mit anderen Interventionen.

Zusammenfassung

- Eine Kombination aus Medikation und Psychoedukation/Psychotherapie liefert in der ADHS-Behandlung die besten Ergebnisse.
- Eine Psychoedukation trägt vor allem dazu bei, ADHS zu verstehen und die Störung anzuerkennen.
- Eine Psychotherapie zielt auf das Erlernen und Anwenden bestimmter Fertigkeiten ab.
- Am häufigsten werden die Methoden der kognitiven Verhaltenstherapie und der systemischen Therapie eingesetzt.
- Um klar umrissene Probleme zu lösen, kann ein Coaching hilfreich sein.
- *Mindfulness* kann möglicherweise zur Stärkung der Aufmerksamkeit und zur Verringerung der Unruhe beitragen. Die Methode muss jedoch noch eingehender erforscht werden.
- Angesichts der Tatsache, dass ADHS bei den meisten Erwachsenen nicht verschwindet, können – selbst nach einer erfolgreich abgeschlossenen Therapie – später nochmals Probleme auftauchen. Es ist daher vollkommen normal, dass manche Betroffene nach einer gewissen Zeit erneut das Bedürfnis haben, einen Therapeuten zu konsultieren.

5. Chaos und Struktur

Das Leben wäre so viel einfacher, wenn wir nicht so viel planen müssten. Leider gehört ein Übermaß an Planung und Organisation heute zu den unangenehmen Seiten unserer westlichen Kultur.

Wer kommt heute denn noch ohne Terminplaner aus? Wenn man jemanden fragt, wie es ihm geht, lautet die Antwortort: »Ich habe Stress, einfach zu viel Stress.« Und dazu muss er nicht einmal unter ADHS leiden.

Unsere Terminkalender sind häufig ganz schön ausgebucht, vor allem wenn wir Job und Familie unter einen Hut zu bringen versuchen. Warum leben wir nicht in einer Kultur, in der die Arbeit jederzeit für ein kleinen Plausch unterbrochen werden darf, in der es kein Problem ist, unerledigte Aufgaben mal eine Woche liegen zu lassen, und in der Deadlines nicht wie heilige Kühe angesehen werden? Auf den ersten Blick scheint es so, als kämen diese Wünsche auch den Bedürfnissen von Menschen mit ADHS entgegen. Doch das ist ganz und gar nicht der Fall.

Von allen Seiten kommen Erwartungen und Verpflichtungen auf uns zu: der Jahresbericht, an dem wir sitzen, muss morgen schon abgegeben werden, es sind noch vier Besorgungen für das Geburtstagsfest an diesem Wochenende zu erledigen, ein paar Kleider müssen dringend aus der Reinigung abgeholt werden und vor Samstag müssen wir auch noch einige Rechnungen durchsehen und begleichen. Außerdem sind wir mit ein paar Freunden verabredet, um den nächsten Urlaub zu planen, unser Jüngster benötigt Unterstützung bei einem Schulprojekt und wir müssen noch den Klempner anrufen, damit die längst fällige Reparatur endlich erledigt wird. Das alles kann im Verlauf weniger Tage all unsere Energie, unsere Aufmerksamkeit und unser Organisationstalent in Anspruch nehmen. Ohne ein gehöriges Maß an Organisation kommen wir dabei kaum über die Runden. Je klarer die Erwartungen und der Zeitplan sind, desto besser gelingt es auch Menschen mit ADHS, mit den Anforderungen Schritt zu halten.

Viele ADHS-Betroffene empfinden eine Art Hassliebe zu allem, was mit Organisation und Struktur zu tun hat. Sie wissen, dass sie nicht ohne sie auskommen, können Planen und Organisieren aber auf den Tod nicht ausstehen. Diese Tätigkeiten kosten sie Unmengen an Energie, wobei es doch so viel angenehmer wäre, spontan und impulsiv durchs Leben zu gehen. Dass ihr eigenes Leben dann schon bald im Chaos versinken würde, finden manche Erwachsene mit ADHS gar nicht so schlimm. Kritisch wird es erst, wenn sie bei eisiger Kälte die Handschuhe der Kinder nicht finden, wenn der Vorgesetzte mahnt, dass das Projekt nicht noch einmal scheitern darf und wirklich rechtzeitig fertiggestellt werden muss, oder wenn eine nie geöffnete Rechnung zu einem Brief vom Gerichtsvollzieher führt. Eine Gruppe von Erwachsenen mit ADHS antwortete in folgender Weise auf die Frage, was sie mit dem Begriff Chaos assoziieren würden: Unordnung; den Wunsch, alles gleichzeitig zu tun; Kontrollverlust; die Unfähigkeit, die eigenen Gedanken zu ordnen; überstürzte Entscheidungen; die Details sehen, aber den Überblick über das Ganze verlieren; den Wald vor lauter Bäumen nicht sehen; und das beruhigende Empfinden »das passt zu mir«.

Das Chaos kann sich auf unterschiedlichen Ebenen abspielen: Betroffen sind sowohl das Sozialverhalten als auch die Ordnung zu Hause oder am Arbeitsplatz. Termine platzen, weil man an dem Tag schon andere Verabredungen getroffen hat, ohne in seinen Terminkalender zu schauen, oder man lässt sich von einem Impuls leiten und schafft daher nicht, was man sich vorgenommen hat. Man könnte sich fragen, was denn so schwierig daran ist, etwas zu strukturieren? Menschen mit ADHS erklären, dass das Wort Struktur bei ihnen folgende Assoziationen auslöst: konstruktives Chaos; kein allzu strenger Maßstab; Ordnung; ein Traum; eine Utopie; Beherrschung; eine begrenzte Zahl von Aufgaben und Methoden; einfach, wenn sie jemand anbietet, und schwierig, wenn man sie selbst suchen oder sich daran halten muss; langweilig; ein notwendiges Übel; Nachlässigkeit; Fehler durch Langeweile; man muss daran glauben; man hält sie nicht durch, wenn sie auf zu viel Widerstand stößt.

Der Begriff Struktur hat also einen ambivalenten Klang: Einerseits klingt er negativ und ruft Widerstand hervor, andererseits ist er mit der

Einsicht verbunden, dass eine Struktur manchmal hilfreich sein kann, beispielsweise wenn man rechtzeitig irgendwo sein möchte.

> Wenn zu viel Chaos besteht oder zu viele Impulse auf mich einströmen, muss ich manchmal einfach weggehen. Ich entziehe mich dann der Konfrontation mit der Realität, ich bin ihr dann einfach nicht gewachsen. Meine Gedanken sind zu chaotisch. Dadurch habe ich meiner Partnerin Linda schon viel Kummer bereitet. Morgens war ich noch zu Hause, und als sie abends heimkam, war ich mit all meinen Habseligkeiten verschwunden. Heute habe ich gelernt, erst einmal einen Spaziergang zu machen oder eine Zigarette zu rauchen, wenn es mir zu viel wird, statt gleich meine Koffer zu packen. (Peter)

Entdecken Sie Ihre eigene Struktur

Es kommt nicht von ungefähr, dass der Begriff Struktur für viele Menschen mit ADHS unangenehm klingt. Struktur steht in diametralem Gegensatz zu ihrer angeborenen Neigung, sich ablenken zu lassen, zu Vergesslichkeit, schwankender Konzentrationsfähigkeit, Hyperkonzentration, schlechtem Zeitmanagement, zu ihren Schwierigkeiten mit der Reizverarbeitung und ihrer natürlichen Tendenz, dem Chaos zu verfallen. Menschen mit ADHS wurden daher oft jahrelang bis zum Gehtnichtmehr zu Ordnung und Struktur ermahnt. Von allen Seiten wurden ihnen Strukturen angeboten oder auferlegt, die ihnen häufig nicht entsprachen und die sie manchmal nicht einmal verstanden. Jelle bekam als Kind beispielsweise immer wieder gesagt, er solle sich Dinge aufschreiben, um sie nicht zu vergessen. Aber er hasste es zu schreiben und hatte auch eine besonders schlechte Handschrift. Eigentlich fiel es ihm viel leichter, sich Zusammenhänge über Geschichten oder Zeichnungen einzuprägen als über das geschriebene Wort. Sich ständig etwas aufschreiben zu müssen, machte ihm das Lernen nur noch schwieriger. Es hemmte ihn und brachte ihm keinen Erfolg. Zu Hause begannen seine Eltern, als sie sich keinen Rat mehr mit ihm wussten, sogar damit, seine Schulmappe zu ordnen, was in einen Streit mündete, weil Jelle nichts mehr darin fand. Gerade weil Menschen mit ADHS oft von außen eine Struktur auferlegt wird, die nicht unbedingt zu ihnen passt, fühlen sich viele von ihnen eingeengt. Wenn sie der Struktur dann mit allen möglichen Tricks ein Schnippchen zu schlagen versuchen, verleitet das ihr Umfeld oft dazu, sie noch stärker zu reglementieren. Kein Wunder, dass viele Jugendliche mit ADHS sich in ihrer Pubertät auflehnen und dem Zwang entfliehen wollen.

Bei Erwachsenen liegt der Fall etwas anders. Sie haben ihren starken Widerstand meistens schon aufgegeben, auch wenn er sich bei vielen kleinen und großen Zwängen manchmal noch regt. Den meisten Erwachsenen ist bewusst, dass ein gewisses Maß an Organisation und Struktur ein wichtiges Hilfsmittel ist und viele Vorteile bringt: Planung und Strukturierung machen das Leben leichter und übersichtlicher und das Zusammenleben angenehmer, sie bringen Ruhe ins Leben, helfen, Irrtümer und starken Stress zu vermeiden, und können Situationen verhindern, in denen man nur deshalb untätig bleibt, weil man einfach nicht weiß, wo man anfangen soll. Aber auch wenn ADHS-Betroffene diese Vorteile sehen, bleibt ihre Hassliebe zu Strukturierungen doch bestehen.

Daher fühlen sie sich oft erleichtert, wenn ihnen ein Coach oder Therapeut die Frage stellt: Was halten sie selbst davon? Was würde zu Ihnen passen? Nachdem sie jahrelang daran gewöhnt waren, dass ihr Umfeld für sie denkt und ihnen alle möglichen Lösungen vorbetet oder aufzwingt, tut es ihnen gut, selbst über eine kreative Lösung nachzudenken. Die Machtverhältnisse in der therapeutischen Begleitung sind völlig anders. Erwachsene mit ADHS werden hier auf eine offene, respektvolle Art dazu eingeladen, mehr Verantwortung für die Organisation und Strukturierung ihres Arbeitstages, ihres Haushaltes oder ihrer persönlichen Unterlagen zu übernehmen.

> Wenn ich nur für mich selbst planen müsste, bekäme ich das wohl schon hin. Aber in einer Familie muss man bei seiner Planung auch an die anderen denken. Bei mir kam es vor, dass ich morgens aufbrach, um ein paar dringende Besorgungen zu machen, und unterwegs plötzlich bei einer Tierhandlung anhielt, um ein neues Haustier zu kaufen. Das Tier musste ich dann natürlich zu-

erst nach Hause bringen, und dort brauchte es einen Stall. Zum Herrichten eines alten Stalls brauchte ich dann Maschendraht, also musste ich noch zu einem anderen Laden gehen. Als der neue Mitbewohner gut versorgt war, waren alle Geschäfte geschlossen. Das Ergebnis war: Ich hatte einen schönen Tag und wir hatten einen neuen Hausgenossen, aber weder Brot noch Aufschnitt. (Jill)

Was bei dem einen funktioniert, muss bei einem anderen noch lange nicht funktionieren. Das ist eine goldene Regel. Der Therapeut oder Coach betrachtet von der Seitenlinie aus, was dem Klienten leicht- oder schwerfällt, und sucht nach Methoden, die einige Dinge erleichtern könnten. Wie wir im 4. Kapitel bereits gesehen haben, ist das manchmal ein mühsamer Prozess. Eine glänzende Idee stößt in der Praxis auf unvorhergesehene kleine Hindernisse, die es erforderlich machen, sie anzupassen oder eine andere Methode zu wählen. Anita hatte mit Hilfe ihres Therapeuten ein Ordnungssystem entwickelt, das ihr dabei helfen sollte, ihre Geschäftsunterlagen endlich auf dem Laufenden zu halten. Sie hatte einerseits eine Reihe von Stapelfächern für eingehende Papiere, andererseits eine Reihe von Ordnern angelegt, um die bearbeiteten Unterlagen zu archivieren. Dieses System finden die meisten Erwachsenen mit ADHS hilfreich, doch bei ihr funktionierte es nicht. »So muss ich manche Unterlagen zweimal in die Hand nehmen, obwohl mir vor dieser Arbeit graust«, seufzte Anita. Viele Menschen mit ADHS neigen dazu, Unterlagen, die zu sorgfältig verstaut wurden, zu vergessen, aber für Anita war es besser, die ankommenden Papiere sofort in die richtigen Ordner zu archivieren, ganz gleich ob sie nun bereits bearbeitet waren oder nicht. Durch die gemeinsame Suche von Klient und Therapeut eröffnet sich häufig eine Möglichkeit, schwierige Fragen anzugehen und Strategien für mehr Übersicht und Ordnung zu entwickeln.

Eine erste große Herausforderung stellt die Bereitschaft dar, fest daran zu glauben, dass bessere Strukturen und mehr Ordnung möglich und ein Schritt in die richtige Richtung sind. Jahrelange Versagensängste können gravierende und zerstörerische Spuren in einem Menschen hinterlassen haben. Dann erfordert es oft viel Ermutigung und Geduld, sowohl von den Betroffenen als auch von ihrem Umfeld, um diesen

Ängsten eine andere Überzeugung entgegenzustellen. Manchmal benötigt man zuerst einmal genügend Raum, um über die Erfahrungen des eigenen Scheiterns zu sprechen. Es ist besonders hilfreich, eine neue Herangehensweise mit jemandem zu entwickeln, der nicht gleich wertet und auch nicht gleich mit »Ach, es ist doch immer wieder dasselbe« reagiert, wenn etwas nicht beim ersten Mal gelingt.

> Rechnungen und Papiere zu kontrollieren, ist etwas, an dem ich immer wieder scheitere. Mein Mann und ich haben getrennte Finanzen. Er hilft mir zwar manchmal, meinen Papierkram zu sortieren, aber ich bin für meine Angelegenheiten selbst verantwortlich. Ich hasse es, offizielle Umschläge zu öffnen und Zahlungen zu veranlassen, daher lasse ich diese Dinge oft einfach bleiben. Das zieht Mahnungen und Bescheide vom Gerichtsvollzieher nach sich. Es gibt noch einen weiteren Grund, warum ich diesen Papierkram nach hinten schiebe: Wenn ich mich damit befasse, muss ich mir meinen Kontostand ansehen, und den will ich gar nicht wissen, also lasse ich die Papiere lieber liegen. Es ist ein Teufelskreis. Aber wenn ich mich dann wirklich einmal dazu aufraffe, will ich auch alles auf einmal erledigen, selbst wenn es Stunden dauert. Aber erst einmal damit zu beginnen, ist nicht einfach. (Jill)

Erst wenn man daran glaubt, dass bessere Strukturen eine Chance bieten, kann man konkret damit arbeiten. Dabei hat jeder seinen eigenen Denk- und Arbeitsstil und es lohnt sich, hier den Weg des geringsten Widerstands zu gehen. Warum beispielsweise muss Aufräumen langweilig und unangenehm sein? Man kann die Arbeit doch auch angenehm und gemütlich gestalten. Warum sollte man seine Papiere in und graue Ordner sortieren, wenn einem Neongelb oder Grün besser gefällt? Das Aufräumen der Garage oder der Veranda geht einem mit seiner Lieblingsmusik doch viel leichter und schwungvoller von der Hand. Nutzen Sie Ihre Vorstellungen und Vorlieben, um aus einer lästigen Arbeit doch noch etwas Angenehmes zu machen.

Geben Sie Ihrer Ordnung und Struktur, wenn irgend möglich, eine persönliche Note. Es ist durchaus denkbar, dass ein bestimmtes

Ablagesystem Ihnen überhaupt nicht zusagt, auch wenn es in drei Zeitschriften oder Büchern empfohlen wird. Sie können selbst eine viel kreativere Idee entwickeln, Dinge aufzubewahren, aber machen Sie das Ganze nicht zu kompliziert. Probieren Sie unterschiedliche Systeme aus. Betrachten Sie es nicht als Fehlschlag, wenn eine bestimmte Art von Ordnung nicht funktioniert, sondern suchen Sie nach den Gründen, warum es nicht funktioniert. Vielleicht haben Sie sich doch von der Vorstellung eines anderen beeinflussen lassen, die nicht wirklich zu Ihnen passt? Bücher können viele wertvolle Tipps geben, aber Bücher belohnen Sie nicht, wenn Ihnen etwas gelingt. Viele Bücher wollen Sie glauben machen, dass Sie es alleine schaffen können, wenn Sie den vorgestellten Ratschlägen gewissenhaft folgen. Doch das ist nicht so einfach, wenn man ADHS hat. Das Mitdenken und die konkrete Ermutigung eines Coachs oder Therapeuten sind in der Regel unentbehrlich, um neue Vorgehensweisen lange genug durchzuhalten.

Was hilft, mehr Ordnung zu halten?

- Wählen Sie Ihren Terminkalender sorgfältig aus und überlegen Sie sich, wie Sie ihn nutzen möchten.
- Nehmen Sie sich Zeit, ein System zu wählen, das zu Ihnen passt.
- Beschaffen Sie sich ein Notizsystem für spontane Einfälle.
- Bringen Sie Ihre Papiere in Behältern, Ordnern und Schränken unter, die Ihrem Geschmack entsprechen.

Was lässt sich alles ordnen?

Bei dem Wort »ordnen« denken viele Menschen spontan an einen Terminkalender oder eine Aufräumaktion. Aber ein Mangel an Ordnung und Struktur macht sich in allen Bereichen unseres Lebens bemerkbar, in unseren Beziehungen ebenso wie am Zustand unseres Küchenschranks. Dass man in einem Bereich Schwierigkeiten mit der Ordnung hat, bedeutet noch nicht zwangsläufig, dass man sie auch in anderen Bereichen hat. Man kann seine Wohnung beispielsweise tipptopp in

Ordnung halten und es trotzdem nie rechtzeitig zu einer Verabredung schaffen, weil es einem schwerfällt, die Zeit, die man dazu benötigt, richtig einzuschätzen.

Oliver hat sich den Slogan zu eigen gemacht: »Alles an seinen Platz.« In seinem komfortablen Appartement kann man praktisch vom Boden essen, so ordentlich ist es dort. Aber wenn Oliver zu einer Verabredung muss, entdeckt er plötzlich, dass die Pflanzen dringend noch frisches Wasser brauchen, dass ein neu gekauftes Päckchen Kaffee noch auf der Anrichte steht, und dann fällt ihm noch etwas ein, was er nicht vergessen will und deshalb auf einen Klebezettel schreiben und an den Kühlschrank hängen muss. Unversehens verlässt er mehr als zehn Minuten später als geplant die Wohnung. Um dann noch einmal zurückzukehren, um zu kontrollieren, ob er die Tür wirklich abgeschlossen hat. Oliver will hyperorganisiert sein und nimmt dafür in Kauf, dass seine Zeitplanung hin und wieder aus den Fugen gerät und er immer mal wieder zur Arbeit hetzen muss.

Nathalie legt ebenso wie Oliver Wert darauf, sehr organisiert zu sein. Bei ihr zeigt sich das in der akribischen Planung ihrer Aufräumaktionen. Sie entwirft zunächst einen Zeitplan, und dann denkt sie darüber nach, welche Materialien sie benötigt. In der Praxis kommt sie dadurch allerdings fast nie rechtzeitig in Gang. Nach ihrer Meinung gehört zu einem großen Frühjahrsputz auch das Reinigen und Schrubben des Heizofens und das Waschen der Gardinen. Aber diese Woche kommt sie nicht in das Spezialgeschäft, in dem der Ofenreiniger erhältlich ist, und die Gardinen will sie erst abhängen, wenn sie Zeit genug hat, nach der Arbeit beide Gardinen hintereinander gründlich durchzuwaschen. Dass geht nur dienstags, denn an den anderen Tagen arbeitet sie zu lange, aber für diesen Dienstag hat sie nun gerade einer Freundin versprochen, ihr zu helfen. Obwohl Nathalies Planung gut und gründlich aussieht, ist es für sie nicht einfach, sie tatsächlich umzusetzen. Ihr Alles-oder-nichts-Prinzip macht es ihr hierbei nicht leicht. Es würde ihr helfen, wenn sie das Putzprojekt in kleinere Schritte unterteilen würde, die sie über mehrere Tage hinweg erledigen könnte. Aber das will sie nicht. Denn sie fürchtet, dass sie dann manches aufschieben und anderes gar nicht angehen würde. Nathalie entschied sich schließlich, einen Tag Urlaub zu nehmen, um ihre Putzaktion doch noch in die Tat umzusetzen. Eigenartigerweise hat Natalie bei ihrer Arbeit keine Probleme mit ihrem Alles-oder-nichts-Prinzip, denn die Arbeitsprojekte werden sowieso zwischen einem Team von Kollegen aufgeteilt, daher kann sie dort an kleineren, übersichtlicheren Aufgaben arbeiten. Und für Organisation ist jemand anderes verantwortlich.

Während es manchen Menschen mit ADHS vor allem schwerfällt, Material zu ordnen, könnten andere eher von einer guten Zeiteinteilung ihrer Arbeitsabläufe profitieren. Eine Form der Ordnung ist ihnen geläufig, die andere nicht. Organisation und Strukturierung kann in vielen Bereichen Anstrengungen erfordern, zum Beispiel im Alltag, in unserer Umgebung, in materiellen Dingen, aber auch in unserem Umgang mit der Zeit und in unseren Beziehungen.

Den Alltag ordnen

Jeder Tag bietet Dutzende von Ablenkungen, denen wir nachgeben können. Sich an eine vorgegebene Struktur zu halten, scheint dabei die am wenigsten verlockende Option zu sein. Das Leben wäre ja auch eine öde Angelegenheit, wenn wir Tag ein, Tag aus dem gleichen Schema folgen würden. Aber es kann hilfreich sein, für alltäglich oder allwöchentlich wiederkehrende Dinge, wie das Frühstück, das Zähneputzen vor dem Schlafengehen oder das Ordnen wichtiger Papiere, eine Routine zu entwickeln. Wenn die Utensilien für das Frühstück einen festen Platz haben und man als Abendmensch vor dem Schlafengehen schon den Frühstückstisch deckt, nimmt das Frühstücken weniger Zeit in Anspruch, als wenn man schlaftrunken alle notwendigen Dinge erst zusammensuchen muss. Dasselbe gilt für das Zähneputzen: Wenn die Zahnbürste jedes Familienmitglieds eine andere Farbe hat und immer am gleichen Platz steht, ist die Sache in null Komma nichts erledigt. Wer sich einmal pro Woche zu einem festen Termin Zeit nimmt, seine Unterlagen zu ordnen, läuft weniger Gefahr, etwas zu vergessen, als derjenige, der sie liegen lässt, »bis er mal Zeit dafür hat«.

Eine gewisse Regelmäßigkeit und eine feste Routine für wiederkehrende Pflichten helfen, diese wirklich rechtzeitig zu erledigen.

Das Umfeld ordnen

Wenn gute Gewohnheiten mit festen Plätzen für die Umsetzung bestimmter Aufgaben gekoppelt werden, verdoppelt das die Chance, bestimmte Aufgaben rechtzeitig zu erledigen. Dass Zahnbürsten am besten einen festen Ort im Badezimmer bekommen, erscheint jedem logisch, aber dass wichtige Unterlagen immer am selben Ort aufbewahrt und bearbeitet werden, ist schon weniger selbstverständlich. Wichtige Papiere können auf dem Stapel mit der eingegangenen Post liegen bleiben, in einer oder mehreren Taschen versenkt werden, sie können sich neben dem Computer stapeln oder sogar in dem Regal mit der Toilettenlektüre landen. Auch hier hilft ein fester Platz, eine spätere Suche zu vermeiden. Das kann bedeuten, dass man irgendwo in einer freien Ecke noch ein kleines Tischchen mit einem Ordnungssystem hinstellt, sich einen Schubladencontainer oder eine Schubladenkommode kauft oder sich eine andere kreative Lösung ausdenkt. Wer seine Papiere gleich vor Ort bearbeitet, verringert das Risiko, dass sich wichtige Unterlagen in der ganzen Wohnung verteilen.

Das Gleiche gilt auch für Jacken, Schals, Mützen, Handschuhe und Schlüssel, um nur einige Dinge zu nennen, denen man im Alltag gewöhnlich dann hektisch hinterherjagt, wenn man eigentlich keine Zeit dafür hat. Es erfordert ein wenig kreative Phantasie, ein bisschen Bastelarbeit und manchmal auch einen kleinen Einkaufstrip, bevor der richtige Platz für jede Arbeit und jedes Ding gefunden ist. Versuchen Sie nicht, sich die ganze Wohnung auf einmal auf diese Weise vorzunehmen, damit stellen Sie sich selbst nur vor eine »*mission impossible*«. Wenn jeden Monat einige Dinge ihren Ort finden, ist das schon ein großer Fortschritt für Menschen mit ADHS.

Tipps, um Ordnung und Struktur zu wahren

- Schämen Sie sich nicht, sich selbst zu belohnen und auf die Schulter zu klopfen.

- Versuchen Sie nicht, alles gleichzeitig zu tun, gehen sie in kleinen Schritten vor.
- Verlieren Sie nicht aus den Augen, was Sie bereits erreicht haben, jeder kleine Schritt ist ein Fortschritt.
- Halten Sie durch. Geben Sie nicht auf, wenn Ihnen etwas misslingt, sondern suchen Sie nach einem anderen Weg.
- Menschen ohne ADHS wirken so, als liefe bei ihnen alles wie von selbst. Doch das ist nicht wahr, auch sie lernen durch Versuch und Irrtum, sie irren sich nur seltener.
- Und zu guter Letzt: Wenn etwas nicht klappt, suchen Sie sich Hilfe.

Material ordnen

Wie wir bereits sahen, muss das, was für den einen funktioniert, für einen anderen noch lange nicht funktionieren. Wenn jemandem Retrokunst gefällt, kann er seine Schnellhefter vielleicht mit Retropostkarten verzieren, die einen Hinweis auf den Inhalt der Mappe geben. Und wer fröhliche Farben mag, kann für jede Mappe die Farbe wählen, die symbolisch am besten zum Inhalt passt. Jeder sollte sich möglichst ein System suchen, das ihm liegt. Wer sagt denn, dass ein Ordnungssystem, eine Garderobe oder ein Schlüsselkästchen langweilig aussehen müssen? Wenn Phantasie und Kreativität an der Ausgestaltung eines Ordnungs- und Organisationssystems beteiligt sind, ist die Chance viel größer, dass es zu einem persönlichen System wird, mit dem man sich leichter identifiziert. Hüten Sie sich aber bei der Ausgestaltung vor zu anspruchsvollen und zu komplizierten Projekten, die Sie endlos vorbereiten müssen oder deren Umsetzung zu lange dauert. Das Risiko, dass das Projekt versandet, ist dann viel zu groß.

> Früher hatte ich keinen Terminplaner. Wo hätte ich ihn auch hinlegen sollen, damit ich ihn wiederfinde? Und ein Terminkalender aus Papier funktionierte für mich einfach nicht. Nun habe ich alle meine Verabredungen in meinem Handy gespeichert. Über die Outlookfunktion kann ich von meinem PC aus direkt etwas in mein Handy eingeben. Mein Handy ist mein Gedächtnis für al-

> les Mögliche und macht mich über die Alarmfunktion rechtzeitig auf die Dinge aufmerksam. Mein Handy habe ich immer in meiner Hosentasche, denn es ist wichtig, es nicht zu verlieren. Auch mein Portemonnaie und die Schlüssel haben einen festen Platz. (Peter)

Zeit ordnen

Fast niemandem gelingt es heute noch, ohne irgendeine Art von Terminkalender gut mit seiner Zeit umzugehen und seine Termine einzuhalten. Der eine nutzt dazu einen altmodischen Wandkalender, der andere einen klassischen gedruckten Taschenkalender und ein Weiterer die Kalenderfunktion seines Handys oder seines digitalen Terminplaners. Alle diese Hilfsmittel haben ihre Vor- und Nachteile, es kommt auch hier darauf an, das System zu finden, das am besten zu einem passt. Termine werden seltener verpasst, wenn man nur einen Terminkalender benutzt (und nicht einen Taschenkalender, einen Wandkalender und einen Terminplaner im Handy) oder sich die Terminplaner leicht miteinander koppeln lassen.

Walter, der von digitaler Technologie fasziniert ist, arbeitet viel mit dem Computer. Für ihn ist daher auch ein I-Phone oder ein anderer elektronischer Terminkalender die ideale Lösung für sein Planungsproblem. Abends schließt er seinen Terminplaner an seinen Computer an, um alle Termine in beiden Systemen abzugleichen, so werden Fehler vermieden. Für Geert entpuppte sich das eher als Horror: Der teure Apparat, auf dem er sich leicht vertippte, hatte schon nach wenigen Wochen jede Attraktivität für ihn verloren. Und schließlich vergaß er ihn auch noch im Zug, was ihn völlig frustrierte, sodass er letztendlich wieder den guten alten Terminkalender aus Papier hervorkramte. Nur wenn ein Planungssystem einem wirklich entspricht, steigt die Chance, dass man es täglich nutzt und nicht verliert. Daher sollte man sich für die richtige Wahl ruhig Zeit lassen.

Für viele Erwachsene mit ADHS ist es ein typischer Fallstrick, sich mehr aufzuladen, als sie bewältigen können. Ein »Ja« ist schnell gesagt, und manchmal geht es doch nur um kleine Bitten, deren Erfüllung gerade noch in den Zeitplan zu passen scheint. Aber mit der Zeiteinschätzung liegt man manchmal auch daneben, und in einer vollgestopften Terminplanung berücksichtigt man oft keine unvorhersehbaren Faktoren, etwa ein langes Telefongespräch mit einem Familienmitglied, das gerade dann Hilfe braucht, wenn man selbst aufbrechen will, usw. Für Menschen, die in diesem Bereich immer wieder Probleme haben, kann es nützlich sein, die Zeit, die sie für bestimmte Aktivitäten brauchen, zu messen. Dann zeigt sich oft, dass sie für die drei Punkte, die auf der To-do-Liste für den Vormittag standen, in Wirklichkeit einen ganzen Tag brauchten. Auf der Grundlage einer solchen Zeitmessung und deren Analyse lässt sich anschließend eine realistische Planung erstellen. Auch das erfordert Zeit. Doch die wichtigste Zeit, die Sie sich nehmen sollten, ist die Zeit, die Sie zum Nachdenken brauchen, wenn jemand Sie um etwas bittet. Die Antwort: »Ich werde mal schauen, ob das noch geht«, gibt Ihnen Gelegenheit nachzudenken, statt impulsiv »ja« zu sagen.

> Ich habe zu organisieren und zu planen gelernt. Ich halte meinen Terminkalender auf dem neusten Stand und arbeite mit To-do-Listen. Ich teile die Dinge, die ich organisieren muss, in Blöcke auf und setze Prioritäten. In meinem To-do-Heft unterteile ich alles in drei Gruppen: (1) Das muss heute passieren; (2) das kann zwischendurch getan werden; (3) das darf ich auf lange Sicht nicht vergessen. Für die Aufgaben in der ersten Kategorie speichere ich ein Memo in mein Handy. Wenn die Batterien leer sind, funktioniert das Alarmsystem natürlich nicht.
>
> Meine Unterlagen liegen in etikettierten Fächern, aber die Tendenz, den Papierkram aufzuschieben, bleibt für mich eine Falle. Ich muss mich selbst regelmäßig mit den harten Fakten konfrontieren: Ich tue mein Bestes, um meinen Papierkrieg zu bewältigen, aber manchmal lasse ich ihn doch zu lange liegen. Ich hasse es, meine Zeit damit zuzubringen, weil es so viele angenehmere Aktivitäten gibt. Aber wenn ich mich mit diesen Stapeln befasse, fühle ich mich nachher ruhiger. Man kommt ja nicht drum herum, da hilft nur, kurz die Zähne zusammenzubeißen …
>
> Ich denke, die Kunst besteht darin, sich ein einfaches Organisationssystem zu suchen. Es ist wichtig, nicht zu warten, bis man das

> perfekte System findet, das führt nur zu Frustration. Ich werde nie der bestorganisierte Mensch der Welt sein. Seit ich das akzeptiert habe, fühle ich mich viel glücklicher. (Tom)

Beziehungen ordnen

Es ist schon an sich ermüdend, dafür zu sorgen, dass die Arbeit und der Haushalt gut organisiert sind. Soll man denn da auch noch für seine Freizeit einen Terminkalender führen? Spontanität ist in unserer Kultur ein etwas in Vergessenheit geratener Wert und Menschen mit ADHS erinnern uns daran, wie schön es sein kann, einer überraschenden Versuchung nachzugeben. So kann es beispielsweise herrlich und aufregend sein, an einem freien Tag irgendwo ins Blaue zu fahren, ohne irgendeine Vorstellung davon, wohin der Weg führen wird. Andererseits ist es dann doch unerfreulich, wenn der Cousin, der gerade an diesem Tag Geburtstag feiert, nicht weiß, ob er mit dem Anschneiden der Torte noch auf uns warten soll oder nicht. Verabredungen einzuhalten oder abzusagen, wenn man sie nicht einhalten kann, gehört nicht gerade zu den Stärken von Menschen mit ADHS. Es kann eine Hilfe sein, in der Terminplanung genug Freiräume zu lassen, um gelegentlich auch spontanen Impulsen folgen zu können oder für Unvorhergesehenes Platz zu haben. Ein Handyklingeln kommt da manchmal gerade recht, um uns daran zu erinnern, dass wir ein wichtiges Telefonat zu führen haben oder heimfahren müssen.

Für viele Menschen sind Terminkalender oder To-do-Listen nützlich; in ihnen können sie neben vielen praktischen Dingen auch notieren, wann einer ihrer Bekannten Geburtstag hat und vielleicht auf einen Anruf wartet oder wem sie zu welchem Zeitpunkt Hilfe versprochen haben. Die Kunst besteht darin, die To-do-Liste zu begrenzen. Eine Liste mit dreißig Punkten kann niemand abarbeiten, selbst wenn er sie auf mehrere Tage verteilt.

Zu hoch gesteckte Erwartungen sind ein Fallstrick, vor dem sich Menschen mit ADHS hüten müssen. Ehe man es merkt, führen große Pläne zu Enttäuschungen und verstärken das Widerstreben und die Bedenken, es noch einmal zu probieren. Realistische Erwartungen an sich selbst zu stellen, große Aufgaben in kleinere zu unterteilen und sich nicht davor zu fürchten, in sehr schwierigen Fällen Hilfe zu suchen, bringt Menschen oft viel weiter. Rom wurde auch nicht an einem Tag erbaut, sagt das Sprichwort. Und mit dem Entwickeln von Ordnung und Struktur verhält es nicht anders. Doch wer durchhält, wird belohnt.

Zusammenfassung

- Viele Erwachsene mit ADHS stehen Organisation und Struktur mit einer Art Hassliebe gegenüber.
- Entscheiden Sie sich für eine Struktur und eine Ordnung, die zu Ihnen passen und nicht für ein erzwungenes »Korsett«.
- Machen Sie Ordnen zu einer unterhaltsamen und reizvollen Beschäftigung.
- Geben Sie Ihrer Ordnung eine persönliche Note, aber betreiben Sie dabei nicht zu viel Aufwand, sodass alles praktikabel bleibt.
- Trauen Sie sich, für fest umrissene Aufgaben um Hilfe zu bitten.

6. ADHS und Beziehungen

Dass Beziehungen zu Verwandten, Freunden, einem Partner oder Kindern ebenso wunderbar wie anstrengend sein können, weiß jeder. Sie können anregend und förderlich, heiter, liebevoll und herrlich entspannend sein. Ebenso gut können sie uns aber auch auf die Palme bringen, entmutigen, wütend machen oder uns das Gefühl vermitteln, auf verlorenem Posten zu stehen und weder Gehör noch Verständnis zu finden. Meistens haben Beziehungen von beidem etwas: Manchmal sind sie inspirierend und dann wieder frustrierend. Das gilt erst recht für Beziehungen zu Menschen mit ADHS. Gerade weil ihr Gehirn etwas anders funktioniert als das der meisten Menschen, entstehen in den Beziehungen zu ihnen immer wieder Missverständnisse und Irritationen, die entsprechende Frustrationen nach sich ziehen. »Es ist immer wieder dasselbe«, seufzt Michel, wenn er von seiner Frau Ellen eine SMS mit der Mitteilung erhält, sie habe sich mit ihrem Timing ein wenig verschätzt. »Kannst du noch einkaufen gehen, Schatz?« Ellen findet, dass Michel nicht aus jeder Mücke einen Elefanten machen sollte. Tut sie denn nicht auch viel für die Familie? Dass ab und zu mal etwas nicht klappt, gehört doch einfach zum Leben dazu.

Die wiederkehrenden Frustrationen in der Beziehung von Michel und Ellen – die sich übrigens sehr lieben – lassen sich bei vielen Paaren, bei denen einer der Partner an ADHS leidet, beobachten. Natürlich muss man in jeder Beziehung Schwierigkeiten überwinden, aber ADHS führt zu einer Reihe charakteristischer Probleme, die nur mit viel Geduld und Respekt für die beidseitigen Bemühungen gelöst werden können. Wie wirkt sich ADHS auf die zwischenmenschliche Kommunikation aus? Wie beeinflusst ADHS Freundschaften, familiäre Beziehungen und Partnerschaften? Und welche Auswirkungen hat die Störung auf die Entwicklung junger Erwachsener zur Selbstständigkeit, auf die Kindererziehung und die zwischenmenschlichen Beziehungen am Arbeitsplatz?

Zu viel oder zu wenig Kommunikation?

Evelin ist eine Quasselstrippe. Begeistert und heftig mit den Händen gestikulierend, erzählt sie ihrem Freund Hans, was sie heute erlebt hat. Hans, der an Evelins »Geschnatter« gewöhnt ist, hört nur die Hälfte von dem, was Evelin ihm erzählt. Evelin findet Hans heute wieder phlegmatisch und nicht gerade mitreißend. Warum erzählt Hans selbst nicht mehr von seinem Tag? Hans ist nach einem langen Tag recht müde; eben hat er kurz etwas von seiner Arbeit erzählt, aber das scheint Evelins Aufmerksamkeit vollkommen entgangen zu sein. »Sollen wir am Sonntag mit den Kindern in den Zoo gehen oder lieber deine Schwester besuchen?«, fragt sie. »Ich weiß nicht, was denkst du?«, fragt Hans zurück. »Vielleicht gehen wir deine Schwester besuchen, sonst dauert es mehr als einen Monat, bis wir wieder Zeit dafür finden«, antwortet Evelin. Hans ist verärgert, denn aus seiner Sicht hat Evelin die Frage längst schon entschieden; aber er ist zu müde, um weiter darauf einzugehen. Es lag jedoch überhaupt nicht in Evelins Absicht, eine bestimmte Entscheidung zu fällen. Sie hat nun einmal schnell zu allem eine Meinung. Und hat sie Hans nicht genau danach gefragt? Ein paar Tage später entzündet sich an diesem Vorfall ein Konflikt. Hans wirft Evelin vor, ihm nicht zuzuhören. Evelin fühlt sich unfair behandelt.

Die Neigung zu Hyperaktivität und Impulsivität hat für viele Erwachsene mit ADHS zwei Seiten: Einerseits führt sie zu Spontanität und entwaffnender Ehrlichkeit, andererseits verleitet sie dazu, andere zu unterbrechen, wenig taktvoll zu reagieren oder ständig das Wort zu führen. Aufgrund ihres Aufmerksamkeitsdefizits lassen sich Menschen mit ADHS außerdem leicht ablenken, springen oft vom Hölzchen zum Stöckchen, verlieren schnell den roten Faden, machen sachlich unpassende Bemerkungen oder erwecken den Eindruck, nicht zuzuhören. Manche gehen auch plötzlich kommentarlos aus dem Zimmer, oder sie beginnen – ob aus Bewegungsdrang oder weil ihnen gerade etwas eingefallen ist, was noch zu erledigen ist – in einer anderen Ecke oder einem anderen Raum irgendwas zu arbeiten. So etwas kann einen Gesprächspartner schon aus der Fassung bringen. Die Symptome von ADHS wirken sich also durchaus auf die Interaktionen mit anderen aus. Nicht selten entgehen Menschen mit ADHS auch subtile (vor allem nonverbale) Signale innerhalb der Kommunikation. Es fällt ihnen schwer zuzuhören und sie reagieren allergisch auf Kritik.

Eigentlich könnte man sagen, dass bei ADHS sowohl ein Zuwenig als auch ein Zuviel an Kommunikation stattfinden. Menschen, die hyperaktiv und impulsiv sind, können allein eine ganze Gesellschaft unterhalten, ihnen fallen immer irgendwelche geistreichen Anekdoten ein und sie können jede Äußerung schlagfertig parieren. Sie reden viel, gerne und gelegentlich auch unter Einsatz ihres ganzen Körpers. Wer wollte da behaupten, sie würden nicht genug kommunizieren? Doch dieser ausschweifenden Kommunikation steht auf der anderen Seite all das entgegen, was Menschen mit ADHS in der sozialen Interaktion nicht wahrnehmen: die Freundin, die bei Tisch nach einer unverblümten Bemerkung ihres Gesprächspartners mit ADHS über das Verhalten ihrer Kinder errötet ist, oder die beiden schräg gegenüber sitzenden Tischnachbarn, die ihr ruhiges Gespräch wegen des von ihm ausgelösten Gelächters nicht fortsetzen konnten. Dennoch wird ein Gast mit ADHS wahrscheinlich viel zu einer angeregten und unterhaltsamen Stimmung bei Tisch beitragen. Auch wenn er sich später manchmal fragt, was er an diesem Abend eigentlich von den anderen erfahren hat. Neben einem Zuviel gibt es also auch ein Zuwenig an Kommunikation: Viele Interaktionen, Signale und Gesprächsinhalte bleiben auf der Strecke. Die Kommunikation verläuft alles andere als optimal.

Manchen Erwachsenen mit ADHS ist wohl bewusst, dass sie sich gelegentlich wie ein Elefant im Porzellanladen benehmen, doch fällt es ihnen schwer, sich in Gesellschaft zu bremsen. Es gibt einfach zu viele Reize, die eine Reaktion herausfordern. Wie soll man sich jemandem ruhig zuwenden, wenn das eigene System einen ständig dazu antreibt, auf alles Mögliche zu reagieren?

Es gibt Menschen mit ADHS, die Geselligkeiten gerade deshalb meiden, weil sie sich leicht überreizt fühlen. Sie neigen dazu, den Bogen zu überspannen, und hadern danach noch tagelang mit ihrem exaltierten Auftreten. Es stellt bereits eine Herausforderung für sie dar, im richtigen Moment einen Gang zurückzuschalten und sich eventuell zurückzuziehen. Aber noch schwieriger wird es, wenn die anderen ihren Rückzug nicht nachvollziehen können oder nicht akzeptieren, dass ihnen das Ganze zu viel wird. Dann ist es notwendig, nachdrücklich und freundlich die eigenen Grenzen zu verteidigen.

Manchmal können schon einige kleine Interventionen dazu beitragen, diese Auswirkungen in Grenzen zu halten. Es ist zum Beispiel nicht immer klug, sich in einer Gesellschaft einen zentralen Platz zu wählen, auch wenn sich viele Menschen mit ADHS spontan dafür entscheiden würden. Ein Platz an einer Tischecke oder in der Ecke eines Raumes kann sicherer sein, denn dort hat man weniger Gesprächspartner und ist weniger Reizen ausgesetzt als im Zentrum des Geschehens. Manchmal ist es auch schon hilfreich, zwischen den Gängen draußen ein bisschen frische Luft zu schnappen und ein wenig zu sich selbst zu kommen, um danach die Anforderungen des sozialen Kontakts wieder besser bewältigen zu können. Auch für introvertierte und schüchterne Menschen könnte das eine günstige Strategie sein. Nach außen hin verursachen sie zwar weder Trubel noch Spannungen, in ihrem Kopf geht es manchmal aber ebenso hektisch und chaotisch zu.

Mit einem Wort: Bei der Vielzahl von Reizen, die ständig auf uns einstürmen, ist es nicht leicht, einen guten Mittelweg zwischen einer überbordenden und einer zu spärlichen Kommunikation zu finden.

Tipps für gute Beziehungen:

- Finden Sie einen Weg, sich gegenseitig an Erledigungen, Termine usw. zu erinnern, ohne einander Vorwürfe zu machen.
- Differenzieren Sie zwischen wichtigen und unwichtigen Themen und lernen Sie, Letztere nicht so ernst zu nehmen.
- Informieren Sie sich über ADHS. Was wie mangelnde Bereitschaft wirkt, ist oft Unvermögen.
- Nehmen Sie sich gemeinsam die Zeit, darüber zu reden, was Ihnen wichtig ist.

Wie wirkt sich ADHS auf familiäre und freundschaftliche Beziehungen aus?

Die Beziehungen zwischen Erwachsenen mit ADHS und ihren Angehörigen haben sich natürlich über Jahre entwickelt. Jeder in einer Familie hat seinen Charakter und seine Eigenheiten, das gilt auch für das Familienmitglied mit ADHS. Oder besser gesagt für alle Familienmitglieder mit ADHS, denn wie wir bereits sahen, spielt der genetische Faktor bei dieser Störung eine wichtige Rolle. Es ist daher nicht ungewöhnlich, dass ein Elternteil und eines oder mehrere Kinder an ADHS leiden. Vor allem aber hat jeder von ihnen seine eigene Persönlichkeit mit einzigartigen Stärken und Schwächen und es kommt darauf an, eine gute Art und Weise des Zusammenlebens zu finden.

Anders als bei den Kindern, die vor dreißig Jahren aufwuchsen, wird ADHS bei den heutigen Kindern oft besser erkannt und daher auch oft besser behandelt. Damals galt ein Kind mit ADHS oft noch als Wichtigtuer oder als das zerstreute Kind der Familie. Das soll nicht heißen, dass die Eltern ihren Kindern in ihren Problembereichen damals nicht auf ihre Art Orientierung, Struktur und Hilfe gegeben hätten. Ob diese Hilfe allerdings den Bedürfnissen der Kinder entsprach, sei dahingestellt. Von den unzähligen Kommentaren zu ihrer Schlampigkeit, ihrer Faulheit, ihrem fehlenden Durchhaltevermögen und ihrer Impulsivität – die längst nicht immer nur von ihren Eltern kamen – bleibt bei vielen Betroffenen ein Minderwertigkeitsgefühl zurück. Weil die Entwicklungsstörung nicht als solche erkannt worden war, wurde Schwäche oft mit mangelnder Bereitschaft gleichgesetzt (»Er setzt sich nicht genug ein, er ist zu faul«, »Sie will immer im Mittelpunkt stehen«). Viele Erwachsene mit ADHS haben in ihrer Kindheit insgeheim unter dem Mangel an Verständnis gelitten und dadurch ein negatives Selbstbild aufgebaut. Mit den Jahren hat sich bei ihnen jedoch vielfach die Erkenntnis durchgesetzt, dass ihre Eltern mit den besten Absichten getan haben, was sie zu tun vermochten. Doch auch sie waren schließlich nur Kinder ihrer Zeit und ein Produkt ihrer Erziehung.

Obwohl es nie ganz einfach ist, ein Kind mit ADHS in gute Bahnen zu lenken, macht es eine Erziehung ganz sicher nicht leichter, wenn ein

Elternteil selbst ADHS hat. Darauf werden wir später noch zurückkommen (siehe Abschnitt »Kindererziehung«). Außerdem spielt in vielen Fällen Komorbidität eine Rolle: Ein Elternteil kann sowohl ADHS als auch autistische Züge oder eine Neigung zu Depressionen oder Alkoholismus zeigen, Erkrankungen, die sich oft maßgeblich auf die Erziehung und die Beziehung des Elternteils zu dem Kind auswirken. Die Gefahr, dass Kinder sich in ihrem ADHS-Verhalten nicht wertgeschätzt, wahrgenommen oder verstanden fühlen, ist in solchen Fällen noch größer. Dennoch bringt das Gros der Eltern ein außerordentliches Engagement für ihre Kinder auf.

Kurz und gut: Die Gefühle in Bezug auf die eigene Kindheit und die Beziehung zu den Eltern und anderen Familienmitgliedern sind oft ambivalent. Kommt es nicht zu einem Bruch mit den Eltern oder mit einem Elternteil, wächst mit der Zeit in aller Regel die gegenseitige Akzeptanz innerhalb der Familie. Alle lernen sich zu nehmen, wie sie sind, mit all ihren Macken und Kanten. Jugendliche mit ADHS durchlaufen zwar eine Phase der Rebellion und des Aufbegehrens gegen die Versuche ihrer Eltern, sie im Zaum zu halten, doch später renkt sich das gewöhnlich wieder ein. Eltern fällt es ihrerseits ziemlich schwer, ihren fast erwachsenen Kindern mit ADHS mehr Freiheit zu lassen; denn sie wissen aus eigener Erfahrung, welche Probleme sie erwarten. Mündet die Schwierigkeit, die Kinder loszulassen, in größere Auseinandersetzungen, können daraus nachhaltige Kommunikationsstörungen entstehen. Im günstigsten Fall lernt ein junger Erwachsener über eigene Erfolgs- und Misserfolgserlebnisse und findet neben den Eltern auch andere Menschen, die ihm helfen und ihn unterstützen können. Viele junge Erwachsene mit ADHS gehen ihren Weg im Leben auf ihre eigene Art und in gutem Einverständnis mit ihren Familien.

Mit Freunden geht man anders um als mit Familienangehörigen: Versteht man sich nicht mehr gut, kann man einfach seiner Wege gehen. Andererseits zerbrechen jahrelange Freundschaften nicht gleich an einer unbedachten oder brüsken Bemerkung oder an der Angewohnheit mancher Menschen mit ADHS, ständig zu spät zu kommen oder Verabredungen zu vergessen. Solche Marotten werden in stabilen Freundschaften durch positive Eigenschaften kompensiert. Freilich leiden manche Menschen mit ADHS so stark unter Versagensängsten, dass sie ziemlich isoliert leben, etwa weil sie fürchten, in einem Gespräch den Faden zu verlieren oder etwas Falsches zu tun oder zu sagen. Außerdem können negative Bemerkungen aus früherer Zeit mitunter dazu führen, dass ein kritisches Feedback sofort negativ interpretiert wird (»Sie mögen mich nicht«, »Sie finden meine Geschichte nicht interessant genug«). Manche Erwachsene mit ADHS ringen mit Ängsten und Depressionen und brauchen daher Beistand, um wieder Fuß zu fassen. In manchen Freundeskreisen sind es hingegen gerade Menschen mit ADHS, die für eine angeregte Atmosphäre, überraschende Initiativen, kreative Einfälle und spannende Aktivitäten sorgen.

Und dennoch bleibt bei vielen von ihnen das Gefühl zurück, anders zu sein und nicht ganz dazuzugehören. Ihre Neigung zu einer gewissen Flüchtigkeit im Umgang mit anderen Menschen und ihre schlechten Erfahrungen spielen dabei sicherlich eine Rolle. Daher geht es in einer Therapie auch wesentlich um ihre Kommunikationsfähigkeiten, ihr Wahrnehmungsvermögen und ihre Fähigkeit zuzuhören – also um Fähigkeiten, die es ihnen ermöglichen, einen besseren Kontakt zu anderen Menschen aufzubauen. Selbstannahme, ein tieferer Einblick in ADHS und ein besserer Umgang mit der Störung können dabei hilfreich sein.

> Ich habe mich in Gruppen nie wohlgefühlt. Sie sind mir zu hektisch. Wenn ich früher mit acht Leuten am Tisch saß, ging ich im Gespräch auf jede kleine Bemerkung ein, sodass ich eigentlich mit acht Leuten gleichzeitig zu reden versuchte, das konnte natürlich nicht funktionieren. Heute vermeide ich solche Situationen oder ich schweige lieber. Den goldenen Mittelweg habe ich noch nicht gefunden. (Peter)

Ein Partner mit ADHS: attraktiv oder anstrengend?

Wie entscheiden wir uns für einen Partner? Das ist wohl selten eine Frage rationaler Überlegungen, denn für gewöhnlich ist dafür spontane Anziehung entscheidend. Oft zieht uns gerade das an, was wir selbst nur in geringem Maße besitzen und darum an dem anderen bewundern. Die ruhige Ingrid fand Johan zum Beispiel sehr attraktiv, einen hyperaktiven Chaoten, der immer für Stimmung sorgte. Er war ständig von Freunden umringt, und die Wochenenden mit ihm waren immer voller origineller Einfälle, herrlicher Ausflüge und Partys. Ingrid hatte das so noch nie erlebt. Sie fand es wunderbar, sich von dem temperamentvollen Johan in Schlepptau nehmen zu lassen, und fühlte sich lockerer, freier und fröhlicher. Sie genoss die Beziehung in vollen Zügen und scherte sich nicht um Johans chaotischen Umgang mit der Zeit und seine Vergesslichkeit. Die Freude an der Beziehung trübte sich jedoch etwas ein, als die Kinder kamen. Nicht dass Johan kein liebevoller und begeisterter Vater gewesen wäre, ganz im Gegenteil, aber dennoch fiel es ihm offenbar nicht leicht, seine Söhne rechtzeitig vom Kindergarten oder der Schule abzuholen. Außerdem feierte er immer noch gerne, während Ingrid ruhiger und häuslicher wurde. Urlaubsreisen mit der ganzen Familie waren immer aufreibend. Schon im Vorfeld kundschaftete Johan alle möglichen Sehenswürdigkeiten und tollen Aktivitäten aus, die die Familie dann abzuklappern hatte, bis Ingrid erledigt in den Seilen hing. Sie war darüber so frustriert, dass sie nicht mehr mit Johan in Urlaub fahren wollte, womit sie hitzige Diskussionen heraufbeschwor. Genau die Eigenschaften, die Ingrid anfangs stark zu Johan hingezogen hatten, wurden nun zum Quell allen Ärgers: »Sieht er denn nicht selbst, dass er einfach zu viel auf einmal will, oder macht er das nur, um mich zu ärgern?«, fragte sich Ingrid verzweifelt.

Diese Frage stellen sich Partner, die in einer Beziehung mit einem ADHS-Betroffenen leben, fast immer: Was ist Unvermögen und was ist mangelnde Bereitschaft? Oder auch: Will oder kann sich mein Partner nicht ändern?

Die gegenseitigen Vorwürfe in einer solchen Partnerschaft könnten Bände füllen (»Es ist immer wieder das Gleiche mit dir: alles Mögliche anfangen, aber nichts zu Ende bringen«, »Du machst überhaupt nichts, ich muss bei uns im Haushalt alles allein machen«, »Was für ein Vorbild bist du eigentlich für unsere Kinder?«, »Hast du das schon wieder vergessen? Du hörst auch nie zu, wenn ich dir etwas sage«). Hinter diesen Vorwürfen verbergen sich allerlei unterschwellige Gedanken und Unterstellungen, etwa die Annahme: »Du gibst dir keine Mühe, mir zuzuhören, weil dir nichts mehr an mir liegt.« Diese Unterstellung trifft in aller Regel nicht zu. Doch es erfordert schon ein starkes Selbstbewusstsein, in solchen Situationen das Verhalten des Partners nicht negativ zu interpretieren, von seinem eigenen Gefühl der Verletztheit abzusehen und zu begreifen, dass sein störendes Verhalten nicht persönlich gemeint ist. Und es verlangt außerdem ein überdurchschnittliches Organisationstalent, den Haushalt nicht im Chaos versinken zu lassen.

Solche Reibereien führen schnell zu einem Ungleichgewicht in der Beziehung. Einer der Partner hat das Gefühl, dass zu viel auf seinen Schultern lastet – was auch oft der Realität entspricht –, und wirft dem anderen gelegentlich vor, in ihm keine Unterstützung, sondern ein weiteres Kind am Bändel zu haben. Der Partner mit ADHS sieht seine Anstrengungen hingegen zu wenig gewürdigt – denn schließlich bemüht er sich doch – und hat schnell das Gefühl, dass nichts, was er tut, gut genug ist. Unversehens befinden sich die beiden in einer negativen Spirale. Ein konkretes Beispiel: Während Ingrid ihren Abendkurs besucht, hat Johan den Abwasch erledigt. Als Ingrid müde nach Hause kommt, findet sie Teller, Schüsseln und Besteck zwar auf dem Abtropfgestell vor, doch die Arbeitsplatte ist noch nicht abgewischt und auf ihr stehen auch noch die schmutzigen Töpfe. Sie macht darüber eine Bemerkung, die Johan auf die Palme bringt. Er denkt: »Wie immer ist es ihr nicht gut genug.« Der Abend endet in einer frostigen Atmosphäre.

> Für meinen Partner ist meine Organisationsschwäche anstrengend. Wenn mein Vorsatz, Besorgungen zu machen, wegen der vielen Ablenkungen mal wieder gescheitert ist, sagt mein Partner Stefan: »Ich erledige die Einkäufe morgen nach der Arbeit.« Das ist nicht als Vorwurf gemeint, es ist einfach eine praktische Lösung, aber ich fühle mich trotzdem schuldig.
>
> Auch was die Planung von Tagesabläufen und Aktivitäten anbetrifft, verhalten wir uns unterschiedlich. Wenn Stefan an einem Samstagmorgen fragt, wie unsere Pläne fürs Wochenende aussehen, fühle ich mich sofort in ein Korsett gezwängt. Mittlerweile haben wir dafür eine Lösung gefunden: Es gibt »Stefans Wochenende« und »Jills Wochenende«. Wenn Stefan an der Reihe ist, haben wir ein verplantes Wochenende. An

> meinem Wochenende fahren wir zum Beispiel mit dem Auto in die Richtung eines bestimmten Ladens oder Parks, wir können aber zwischendurch auch irgendwo anhalten und spontan einem Impuls folgen.
>
> Der größte Konfliktpunkt zwischen Stefan und mir war immer die Ordnung im Haus. Mir macht es nichts aus, mal über ein Paar Schuhe zu steigen, die mitten im Flur stehen, aber er ärgert sich schwarz darüber. Heute kommt es vor, dass er einen oder zwei Wäschekörbe mit herumliegendem Kram auf meinen Schreibtisch stellt. Er gerät darüber nicht mehr in Rage, er hat einfach eine Art gefunden, mir deutlich zu sagen: »Räum das mal weg.« (Jill)

Wie können Paare es vermeiden, in eine negative Spirale zu geraten, und wie können sie lernen, eine gesunde Balance zu wahren? Es ist schon ein enormer Fortschritt, wenn nicht nur der von ADHS Betroffene mehr über seine Symptome erfährt und seine Fertigkeiten trainiert, sondern auch sein Partner dazu bereit ist, sich besser über ADHS zu informieren. Denn dann wird oft deutlich, dass viele lästige Angewohnheiten nicht auf mangelnder Bereitschaft, sondern auf Unvermögen zurückzuführen sind. Diese Einsicht kann es erleichtern, dem Partner mit ADHS mehr Vertrauen zu schenken. Bedeutet das nun, dass der Partner mit ADHS sich selbst so annehmen soll, wie er ist, ohne an sich zu arbeiten, und dass sein Partner das einfach akzeptieren muss? Gewiss nicht. Doch zwischen *alles verändern* und *gar nichts verändern* liegt ein goldener Mittelweg. Fortschritte sind immer möglich.

Dafür ist es hilfreich, wenn die Partner von den Pflichten, die sie zusätzlich gerne mal auf sich nehmen, etwas abgeben können. Michel fiel das alles andere als leicht. Denn aus Erfahrung wusste er, dass die Arbeiten viel schneller erledigt waren, wenn er sie selbst in die Hand nahm. Außerdem konnte er so die Streitereien zwischen ihm und Ellen vermeiden. Kein Wunder, dass Michel sehr müde war! Wie lobenswert es auch ist, dass viele Partner sich dazu bereitfinden, zusätzliche Aufgaben zu übernehmen, es tut dem Gleichgewicht in einer Beziehung nicht gut, wenn einer zu viel Verantwortung an sich zieht. Michel und Ellen erstellten eine Liste aller Haushaltspflichten und suchten nach einer neuen Balance. Dabei unterschieden sie zwei Arten von Aufgaben: solche, die zu einem bestimmten Zeitpunkt erledigt werden mussten, und solche, die auch noch bis zum nächsten Tag Zeit hatten, wenn man am selben Tag nicht mehr dazu kommen sollte. Dass die Kinder rechtzeitig abgeholt wurden, war zum Beispiel ganz entscheidend. Das durfte nicht allzu oft schiefgehen. Diese Aufgabe übernahm Michel, so oft es ging. Die Wohnung zu staubsaugen, war dagegen weniger an einen bestimmten Zeitpunkt gebunden. Wenn man heute nicht dazu kam, konnte man es auch morgen noch erledigen. Diese Pflicht übergab Michel an Ellen, und er nahm sich vor, ihr nicht gleich Vorwürfe zu machen, wenn sie nicht zu dem Zeitpunkt staubsaugte, an dem er es für wünschenswert hielt. Er lernte in neutralem Ton zu fragen, ob sie die Wohnung schon gestaubsaugt hatte, und sich nicht darüber aufzuregen, wenn es noch nicht geschehen war. Das war für ihn nicht einfach, aber so brauchte er sich nicht mehr um alles zu kümmern. Michel musste auch akzeptieren lernen, dass Ellen die Dinge anders anging als er und beim Abwasch auf die glänzenden Außenseiten der Töpfe und Pfannen weniger Wert legte.

> Als Peter den Schritt zu einer Diagnosestellung und einer Therapie gewagt hatte, war ich erleichtert. Ich wusste schon jahrelang, dass etwas nicht stimmte, aber ich kam nicht dahinter, was es war. Ich denke manchmal: Wenn ich das nur früher gewusst hätte, wäre uns viel Elend erspart geblieben. Aber man kann seinem Partner nicht vorgreifen. Erst als Peter sich intensiv darum bemühte, sein ADHS in den Griff zu kriegen, nahm ich an einer psychoedukativen Gruppe für Partner von ADHS-Betroffenen teil. Ich wollte Peter besser verstehen und besser mit seinem ADHS umgehen lernen. Ich hatte das Gefühl, dass ich bei uns zu Hause immer alles organisieren und kontrollieren musste, damit nicht alles im Chaos versank. Jetzt habe ich zu relativieren gelernt. Früher regte ich mich schneller darüber auf, wenn Peter mal wieder etwas, was wir abgesprochen hatten, vergessen hatte. Heute ärgert mich so etwas weniger und wir können abends schon wieder darüber lachen. Mir ist jetzt viel bewusster geworden, dass es sich bei Peter um eine Schwäche und nicht um fehlende Bereitschaft handelt, wenn er etwas nicht tut, an das ich ihn schon mindestens dreimal erinnert

habe. Man verlangt von einem Menschen ohne Beine ja auch nicht, ohne Hilfsmittel die Straße zu überqueren. (Linda)

Für Menschen ist es oft schwierig, einander gut zuzuhören, während sie noch mit vielerlei anderen Dingen beschäftigt sind. Der Kopf ist dann zu voll, um noch etwas aufzunehmen. Das gilt erst recht für Menschen mit ADHS. Daher ist es für Paare ratsam, sich regelmäßig, zum Beispiel einmal die Woche, zusammenzusetzen, um wichtige Dinge zu besprechen. Die Chance, dass bei beiden Partnern das Gefühl entsteht, beim anderen Gehör zu finden, ist dann viel größer. Die eigenen Gefühle herunterzuschlucken, tut Beziehungen im Allgemeinen nicht besonders gut. Ohne Beeinträchtigung durch äußere Störungen regelmäßig miteinander zu reden, etwa bei einem ruhigen Spaziergang in der freien Natur oder in einem ruhigen Winkel des Hauses, eröffnet den Raum dafür, sich gegenseitig die eigenen Frustrationen zu schildern. Auch der Partner eines Erwachsenen mit ADHS kann dann begreiflich machen, welche Auswirkungen ADHS auf ihn hat. Achten Sie aber darauf, dass kritisches oder negatives Feedback nicht zum Hauptbestandteil des Gesprächs wird! Wertschätzung für alles Schöne und Gute ist mindestens ebenso wichtig. In diesen regelmäßigen Gesprächen können auch Fragen der gemeinsamen Planung angesprochen werden.

Nicht zuletzt ist es ein wichtiger Schritt, wenn die Partner geeignete Möglichkeiten finden, sich gegenseitig an Erledigungen, Termine usw. zu erinnern. Wie wir schon sahen, muss das, was für den einen funktioniert, für einen anderen noch lange nicht funktionieren. Ein großes Memoboard kann für den Partner ohne ADHS eine ausgezeichnete Gedächtnisstütze sein, während sein Partner trotz der riesigen Buchstaben auf dem Board ständig achtlos daran vorbeiläuft. Daher ist es günstiger, wenn sich der Partner mit ADHS aktiv an der Suche nach den Möglichkeiten beteiligt, die für ihn am besten funktionieren, und diese in die Planung und Kommunikation einbringt. Ein Klebezettel an der Türklinke oder ein Einkaufsbeutel auf dem Armaturenbrett im Auto kann für den einen oder anderen besser funktionieren als ein Memoboard. Vielleicht klappt es auch mit einem voreingestellten Handysignal. Wenn die Partner gemeinsam Möglichkeiten entwickeln, sich Nachrichten zukommen zu lassen und sich an etwas zu erinnern, statt diese Aufgabe nur einem von ihnen zu überlassen, erhöht sich die Aussicht auf Erfolg wesentlich. In der Praxis muss man oft erst einiges ausprobieren, bevor man das Richtige findet. Manchmal sind drei Anläufe nötig, bis etwas wirklich funktioniert. Auch die Anstrengung, die der Partner mit ADHS unternimmt, um sich selbst besser zu verstehen, kann sich positiv auf die Beziehung auswirken. Wenn man sich selbst besser kennt, wird man auch leichter eine Lösung finden. Hat man die Lösung erst einmal gefunden, ist alles nur noch Übung. Ein regelmäßiges Schulterklopfen wirkt dabei Wunder – und zwar bei beiden!

Trotz allem erfordert ADHS von beiden Partnern ein überdurchschnittliches Maß an kommunikativen Fähigkeiten, um das Miteinander auf einen guten Weg zu bringen. Zudem müssen beide dazu bereit sein, gewisse Eigenarten des anderen zu akzeptieren. Dass der Partner des Betroffenen hierzu bereit sein muss, leuchtet sofort ein, aber auch umgekehrt wird ein Schuh daraus. Für viele Menschen mit ADHS soll alles möglichst schnell geschehen. Wenn ihnen etwas in den Sinn kommt, soll es am besten sofort umgesetzt werden. Wenn sie ein Problem beschäftigt, soll es direkt angegangen werden. Es verlangt ihnen einiges an Geduld ab, mit einem langsameren Tempo zurechtzukommen und sich klarzumachen, dass ihr Partner anders tickt als sie selbst.

Leidet einer der Partner unter ADHS, ist die Balance in der Beziehung fast immer gestört. Während ein Partner viel mehr tut oder jedenfalls den Eindruck hat, viel mehr zu tun, strengt sich der andere mächtig an, ohne zu einem befriedigenden Ergebnis zu gelangen. Oft haben beide das Gefühl, vor allem in die Beziehung zu investieren, ohne dafür angemessen gewürdigt zu werden. Indem sie Verständnis und Wertschätzung füreinander aufbringen, können Paare schon ein ganzes Stück weiterkommen. Wenn es ein grundlegendes Verständnis zwischen ihnen gibt und beiden bewusst ist, dass sich der Partner mit ADHS nicht selbst so, wie er ist, geschaffen hat, lässt sich das Ungleichgewicht in aller Regel überwinden. Dann können beide Partner durch ihre persönlichen Stärken etwas zu der Beziehung beitragen, der eine, indem er Verwaltungs-und Organisationsaufgaben übernimmt, der andere, indem er zündende Einfälle und Ideen, Begeisterung und Leidenschaft einbringt.

Mit Peter einkaufen zu gehen, ist einfach unmöglich. Entweder bin ich mehr mit der Suche nach Peter als mit meinen Einkäufen beschäftigt, oder er schleppt Dinge an, die nicht auf unserem Einkaufszettel stehen. Nein, unter diesen Umständen ist es einfach effizienter, allein zu gehen. Wenn Peter mich trotzdem mal begleitet, geht er durch alle Gänge des Supermarkts. Das haben wir so verabredet, denn das beruhigt ihn. Ich selbst überspringe einfach einen Gang, wenn ich weiß, dass ich dort nichts brauche. Peter wird mich schon wieder einholen.

Auch beim Aufräumen verfolgen wir unterschiedliche Strategien: Peter stellt Dinge von hier nach da, statt sie wegzuräumen oder in den Abfalleimer zu werfen. Beim Kochen geht er nach einer Reihenfolge vor, die mir völlig unlogisch erscheint. Solche Dinge machen wir daher am besten nicht gemeinsam.

In wichtigen Haushaltsangelegenheiten hat sich im Laufe der Jahre eine Aufgabenverteilung ergeben: Ich erledige den bürokratischen Teil, verwalte das Familienbudget und behalte den Terminkalender im Auge. Peter pflegt den Garten und putzt regelmäßig. Je mehr Listen ich mache und je mehr ich kontrolliere, desto besser fühlt er sich. Ich finde es nicht schlimm, es ist nur eine kleine Sache, an die man sich gewöhnen muss. Bei Dingen, die schnell erledigt werden müssen, ist Peter dann in seinem Element. Er braucht nur das Wort Bäcker zu hören, und schon sitzt er auf dem Fahrrad. (Linda)

Auch Sexualität ist in der Beziehung häufig ein heikler Punkt. Denn gerade für Sexualität und Intimität ist es wesentlich, sich Ruhe und Zeit zu nehmen. Es ist gut zu wissen, was man selbst mag. Und es auch wichtig, nonverbale Signale zu lesen, sich mit dem zu beschäftigen, was der andere mag, sich zu verführen und eine angenehme Atmosphäre zu schaffen. Das steht oft in krassem Gegensatz zu den ADHS-Symptomen.

Hyperaktive und impulsive Menschen sind schnell mal zu einem überraschenden Quickie bereit. Was durchaus seinen Reiz haben kann, manchmal aber auch zudringlich wirkt und deplatziert sein kann. Manche Menschen können einfach nicht genug davon bekommen und gehen immer wieder auf die Suche nach einem neuen Kick. Andere erwarten zu viel von ihrem Partner, bis dieser schließlich nicht mehr damit klarkommt. Menschen mit einer Aufmerksamkeitsstörung haben oft keinen Sinn für Avancen, sie haben kein Gespür für die Bedürfnisse ihres Partners oder schweifen beim Sex in ihren Gedanken ab, was bei ihrem Partner zu verständlichen Frustrationen führt.

Studien haben erwiesen, dass Menschen mit ADHS überdurchschnittlich oft schnell wechselnde Beziehungen haben. Dennoch sehnen sich viele Erwachsene mit ADHS nach einer beständigen und guten Beziehung. Und wie bei allen Paaren sind Respekt und Verständnis für die Bedürfnisse des anderen in allen Bereichen eine wichtige Bedingung, um auch körperlich eine erfüllende Beziehung aufzubauen.

Tipps für eine gute sexuelle Beziehung

- Nehmen Sie sich genug Zeit füreinander.
- Beschäftigen Sie sich mit ihren eigenen Bedürfnissen und Wünschen und trauen Sie sich, darüber zu sprechen.
- Fragen Sie Ihren Partner, was er mag und was nicht.
- Suchen Sie sich Hilfe, wenn Ihnen diese Tipps nicht ausreichen.

Kindererziehung

Wenn das Leben für Menschen mit ADHS schon ohne Kinder kompliziert und chaotisch ist, wie wird es dann erst mit Kindern? Mit Kindern und deren Spontanität wird das Leben doch nur schöner, sagen manche. Andere Erwachsene mit ADHS schrecken vor der Verantwortung, die Kinder mit sich bringen, zurück oder davor, ein Kind in die Welt zu setzen, das vielleicht dasselbe durchmachen muss wie sie selbst. Häufig sind die Kinder bereits da, bevor für einen der Partner eine Diagnose gestellt wird. Und oft öffnet erst die Suche nach den Ursachen für das hektische, zerstreute und chaotische Verhalten des Kindes den Eltern die Augen für ihr eigenes ADHS und bringt sie schließlich dazu, nach einer Diagnose und einer Therapie für sich selbst zu suchen. Das

Bewusstsein, selbst an ADHS zu leiden, macht die Herausforderung der Erziehung nicht geringer. Im Gegenteil: Was ein Kind mit ADHS braucht, viel Struktur und konsequentes Verhalten, ist leider genau das, was ein Elternteil mit ADHS nur schwer bieten kann. Auch in anderen Bereichen sollten die Eltern Vorbilder sein, zum Beispiel darin, pünktlich zu sein oder ihr Zimmer oder ihren Papierkram aufzuräumen. Aber versuchen Sie das mal, wenn Sie ADHS haben! Positiv schlägt zu Buche, dass Eltern mit ADHS sich oft gut in ihr Kind hineinversetzen können und daher manchmal eher die richtigen Worte für sein Verhalten und seine Zerstreutheit finden.

> Weil mein Sohn auch ADHS hat, muss ich oft neben ihm sitzen, wenn er seine Hausaufgaben macht. Glücklicherweise verringert sich seine Impulsivität mit zunehmendem Alter und auch durch die Behandlung. Trotzdem ist es eine wahre Herausforderung, ein Kind wie Andreas aufzuziehen, vor allem weil ich selbst nicht besonders gut darin bin, etwas zu strukturieren. Ich muss Andreas immer dazu drängen, erst seine Hausaufgaben zu machen, bevor er den Fernseher einschaltet. Das gelingt mir an manchen Tagen besser, an anderen schlechter. Er vergisst auch immer wieder Sachen, die er in die Schule mitnehmen oder nach Hause bringen soll, und fängt sich dafür öfter einen Tadel ein, zum Beispiel: »Andreas hat schon wieder seine Schwimmsachen vergessen.« Ich sage dann zu ihm: »Andreas, ich weiß, wie das ist. Das ist keine Katastrophe, mein Junge, aber versuche doch das nächste Mal, die Schwimmsachen vorher einzupacken.« Ich habe den Eindruck, dass ihm dieses Verständnis guttut. Ich erkenne auch meine eigenen positiven Eigenschaften wie Flexibilität und Selbstständigkeit an ihm wieder. Wenn Andreas seinen Bus in der Stadt verpasst, weiß er sich zu helfen. Er wird, so wie ich, ein guter Problemlöser. (Jill)

Eltern mit ADHS können sehr enthusiastisch, ermutigend und kreativ sein und ihren Kindern mit vielen schönen Ideen eine frohe und herrliche Kindheit bereiten. Aber ebenso können sie sich schnell aufregen, die Kinder impulsiv unterbrechen, die Zeit aus dem Auge verlieren und deshalb zu spät kommen, Dinge verlieren, immer wieder vergessen, die Schwimmsachen zurechtzulegen oder etwas fürs Schulfest zu basteln. Aus diesen Gründen kann ein Elternteil mit ADHS für ein Kind sowohl ein Problem als auch ein Segen sein. Wenn das Kind selbst ADHS hat, kann das Chaos der Eltern die Symptome des Kindes noch verstärken. Lydia hat damit Erfahrung: Sie und zwei ihrer Kinder haben ADHS. »Die Kinder wachsen mit meiner Schlampigkeit auf«, sagt Lydia. »Ich will zum Beispiel schon länger die Kleiderschränke zu Hause gut organisieren, komme aber einfach nicht dazu. Wegen meiner impulsiven Reaktionen haben die Kinder manchmal kaum Gelegenheit, ihre eigenen Geschichten zu erzählen. Andererseits scheue ich mich auch nicht, Themen emotional anzugehen. Dadurch helfe ich meinen Kindern, mit ihren eigenen Gefühlen besser umzugehen. Und außerdem bin ich als Mutter sehr flexibel: Wenn unerwartet ihre Freunde bei uns übernachten wollen oder die Kinder Lust auf mexikanisches Essen haben, kann ich in null Komma nichts einen schönen Abend zaubern.«

In vielen Familien hält der Partner ohne ADHS die organisatorischen Fäden des Familienlebens in der Hand und sorgt für dessen Strukturierung. Das kann eine gute Lösung sein, solange der Partner genug Dinge delegieren kann und sich nicht für alle Pflichten und die Ordnung im Haus allein verantwortlich fühlt.

Doch wie funktioniert es bei alleinstehenden Eltern mit ADHS? Die Probleme sind genau die gleichen wie in Familien mit zwei Elternteilen, was hier fehlt, ist jedoch die zweite Person, die für Ordnung sorgt und die Strukturen wahrt. Auch in diesen Familien bilden sich für gewöhnlich bestimmte Familienmuster und -rituale heraus, die verhindern, dass der Haushalt im Chaos versinkt. Oft haben die Kinder schon in jungen Jahren einen Blick dafür, was zu tun ist. Wenn die Eltern spontan nicht daran denken, den Tisch nach dem Essen abzuräumen, machen sie es manchmal selbst, weil das einfach praktisch ist, wenn sie an dem Tisch noch basteln oder ein Puzzle legen wollen. Sie erkennen schon ziemlich früh, dass ihre Mama oder ihr Papa nicht an alles denken kann und manchmal ziemlich zerstreut ist. Kinder nehmen es meistens nicht tragisch, wenn zu Hause Krümel auf dem Boden liegen oder sich Bücher, Zeitschriften oder Post in der Wohnung stapeln. Lästiger ist es dann schon, wenn bestimmte Dinge, die sie für die Schule brauchen, nicht rechtzeitig fertig sind. Aber auch da wissen sie meist aus Erfahrung, dass es hilft, die Eltern immer wieder daran zu erinnern.

Für Alleinerziehende mit ADHS ist es dennoch oft wichtig, in bestimmten praktischen Angelegenheiten Hilfe von anderer Seite anzunehmen. Auch wenn es ihnen nicht immer leichtfällt, um Hilfe zu bitten. Oft schämen sie sich und gestehen ungern ein, dass es ihnen nicht gelingt, ihren Haushalt oder ihre Unterlagen in Ordnung zu halten. Das kann manchmal so weit gehen, dass sie niemanden mehr einladen, weil es keinen freien Stuhl mehr gibt, auf dem man noch sitzen könnte. Alleinerziehende Eltern sollten nicht nur versuchen, ihre eigenen Strukturierungs- und Organisationsfertigkeiten zu entwickeln, sondern auch ihre Freunde und Angehörigen für fest umrissene Projekte um Hilfe bitten. Vielleicht können sie sich später mit einer Gegenleistung revanchieren, die eher ihren eigenen Stärken entspricht. Dazu ist es allerdings nötig, sich erst einmal selbst genügend Überblick darüber zu verschaffen, was man braucht, und erst dann eine gezielte Bitte zu stellen, um die Menschen in seinem Umfeld nicht durch die eigene Ratlosigkeit abzuschrecken. Auch kleine Veränderungen, etwa dass die Kinder in der Schule essen oder nach der Schule den Hort besuchen oder dass man eine Putz- oder Haushaltshilfe engagiert, können eine beträchtliche Erleichterung darstellen. Wenn der Berg nicht so hoch ist, ist es leichter, ihn zu erklimmen.

Eltern stehen glücklicherweise mit ihrer Erziehungsaufgabe nicht allein da. Es gibt heute viele Anlaufstellen, an die sich ratsuchende Eltern wenden können. Wenn eines der Kinder ADHS hat, können sie auch Selbsthilfegruppen für Eltern von Kindern mit ADHS besuchen. Eltern finden dort großes Verständnis und erhalten Tipps, wie sie zu Hause gute Rituale entwickeln und mehr Struktur schaffen können.

Junge Erwachsene und ihre Eltern

Für alle Eltern bricht irgendwann eine Zeit an, in der ihre Kinder das Haus verlassen oder sich stärker ihr eigenes Leben aufbauen. Das ist für alle ein mühsamer Prozess, in dem man Möglichkeiten auslotet. Manches gelingt, anderes scheitert, und es kommt vor allem darauf an, sich von vielem zu lösen.

Junge Erwachsene mit ADHS stehen dabei noch vor ganz eigenen Herausforderungen. Sie haben es in vielen Lebensbereichen schwer und ihre Eltern sind oft ratlos und wissen nicht, wie sie mit einem Heranwachsenden umgehen sollen, der zwar in dem richtigen Alter, aber nicht immer in der Lage ist, sich ein Leben als Erwachsener aufzubauen. Die Eltern spüren, dass sie ihr Kind noch nicht loslassen können, obwohl es die Rechte eines Erwachsenen einfordert. Manche junge Erwachsene sind ganz erpicht auf ihre Selbstständigkeit, bauen dann aber nur »Mist« und stehen wieder hilfesuchend bei ihren Eltern vor der Tür, wenn ihnen die Lage zu brenzlig wird. Andere sind furchtbar ängstlich und unsicher und trauen sich nicht, ihren eigenen Weg zu gehen. Sie versuchen es zwar mit einer Ausbildung oder einer Arbeit, nehmen die Herausforderung aber nicht wirklich an. Wenn eine klare ADHS-Diagnose gestellt wird und beide Parteien sich über die Konsequenzen der Störung im Klaren sind, lässt sich auch diese Phase gut überstehen.

Obwohl sie die körperliche Reife dazu haben, sind viele junge Erwachsene mit ADHS noch nicht für den Sprung ins selbstständige Leben bereit. Dass sich dieser etwas verzögert, ist nicht so schlimm. Für die Eltern ist es wichtig, ihren Kindern trotz ihrer Besorgnis das Vertrauen zu schenken, dass sie sich in kleinen Schritten von ihnen lösen können und dass sie ihre Kinder immer wieder ermutigen und ihnen, wenn etwas schiefgeht, hilfreich zur Seite zu stehen. Gut gemeinte Ratschläge können jedoch recht heikel sein. Immer wieder beobachten wir, dass es günstiger ist, sich erst einmal zurückzuhalten und vielleicht erst später einen Vorschlag zu machen. Und der wohlbekannte Seufzer »Hab ich es nicht gleich gesagt« hilft niemandem weiter. Er schüttet nur Öl ins Feuer, erschwert die Zusammenarbeit und führt zu Streit.

Junge Erwachsene, die in derartigen Schwierigkeiten stecken, wissen oft auch nicht, wie sie die Beziehung zu ihren Eltern handhaben sollen. Sie wissen zwar, dass ihre Eltern sie lieben, fühlen sich aber missverstanden, falsch behandelt und manchmal auch zurückgesetzt. Zu begreifen, wie die Dinge tatsächlich liegen und welche Sorgen sich ihre Eltern machen, kann ihnen wieder einen Weg zu ihnen eröffnen. Ein gutes Selbstbild und die Unterstützung ihrer Eltern sind jedoch wesentlich, um den Schritt ins Erwachsenenleben zu gehen.

Zusammenfassung

- Obwohl viele Menschen mit ADHS redegewandt sind und gerne kommunizieren, entgehen ihnen oft nonverbale Signale und ganze Teile des Gesagten. Zum einen weil ihr Kopf so voll und ihr Denken chaotisch ist, zum andern weil sie selbst viel reden und ihren Gesprächspartner nicht aussprechen lassen.
- In Gesellschaft ist es für sie oft hilfreich, sich einen Platz zu suchen, an dem sie Stimuli am wenigsten ausgesetzt sind.
- Eine Frage, die in Partnerbeziehungen in Bezug auf ADHS oft gestellt wird: Wo endet das Unvermögen und wo beginnt die fehlende Bereitschaft? Nur wenn man ehrlich zu sich selbst und seinem Partner ist, kann man darauf eine Antwort finden. Und dann noch etwas: Auch ein Mensch mit ADHS darf manchmal zu etwas einfach keine Lust haben.
- Fallstricke in Partnerbeziehungen sind: ein Gefühl von Ungleichgewicht und eine negative Spirale aus Vorwürfen. Ausreichende Kenntnisse über ADHS und eine gute Aufgabenverteilung können dabei helfen, diese Fallstricke zu umgehen oder zu zerreißen.
- Eltern mit ADHS können sich gut in ein Kind mit ADHS hineinversetzen, doch um ihm genügend Struktur zu bieten, ist oft die Hilfe eines Partners oder Hilfe von außen sinnvoll.
- Der Weg junger Erwachsener mit ADHS ist mit zusätzlichen Schwierigkeiten übersät. Obwohl sie es nicht zeigen wollen, brauchen sie ihre Eltern, die geduldig und unterstützend sind.

7. ADHS am Arbeitsplatz

Jeder kennt solche Tage, an denen es auf der Arbeit nicht besonders gut läuft. Man kann sich nicht richtig konzentrieren, kriegt die Bemerkung eines Kollegen in den falschen Hals und stellt fest, dass die Zeitplanung eines Projekts völlig aus dem Ruder läuft. Menschen mit ADHS erleben von solchen Tagen mehr als genug, sie sind einfach Teil ihres Lebens und so auch ihres Arbeitslebens. Anders als vor dreißig Jahren wissen wir heute, dass ADHS auch bei Erwachsenen fortbesteht. Doch wie sich ihr beruflicher Werdegang gestaltet, hat viel mit ihren Erfahrungen aus der Kindheit zu tun. In diesem Kapitel werden wir auf die Fragen eingehen, wie die schulische Laufbahn die weitere Karriere von jungen Erwachsenen mit ADHS beeinflusst, welche Probleme Menschen mit ADHS am Arbeitsplatz begegnen, ob es sinnvoll ist, offen mit dem Arbeitgeber beziehungsweise mit den Kollegen über ADHS zu sprechen und welche Maßnahmen die Konzentration auf die Arbeit unterstützen können. Am Arbeitsleben teilzunehmen und seine Stelle auszufüllen, ist schließlich eine Voraussetzung für ein geregeltes Einkommen und eine »normale« Lebensführung.

Die Karriere beginnt in der Kindheit

Ebenso wie Tom (siehe 1. Kapitel) erzählt Dominik von seinen rebellischen Schülerjahren, in denen er die Schule vernachlässigt und Haschisch geraucht hatte. Doch anders als Tom ist er später wieder an die Schule zurückgekehrt und hat seinen Abschluss nachgemacht.

Obwohl es Jugendlichen mit ADHS ohnehin schon entsetzlich schwerfällt, sich auf den Unterricht zu konzentrieren und ihre Aufgaben rechtzeitig zu erledigen, werden sie oft auch noch mit allen möglichen Kommentaren überschüttet (»Streng dich mehr an«, »Du bist ein Schussel«, »Du kannst es, aber du zeigst es noch zu wenig«). Zu der impulsiven Reaktion, die für viele von ihnen charakteristisch ist, gesellt sich dann häufig noch eine Prise Widerspenstigkeit. Obwohl sie genug Potenzial besitzen, gehen begabte Jugendliche manchmal von der Schule ab. Das ist jammerschade. Doch selbst bei den Jugendlichen, die durchhalten, bleibt nach dem Ende ihrer Schulzeit oft ein ungutes Gefühl zurück (»Ich bin dumm«, »Weiter zu studieren, hat für mich keinen Zweck, ich komme ja sowieso nicht mit«). Die Schulkarriere erfolgreich zu beenden, erfordert in der Regel furchtbar viel Einsatz von den Jugendlichen und ihren Eltern. Menschen mit ADHS brauchen überdurchschnittlich lange für ihre Schullaufbahn, brechen ihre Ausbildung öfter ab und erreichen aufgrund ihrer Lernprobleme einen geringeren Bildungsstand, als angesichts ihrer Intelligenz zu erwarten gewesen wäre.

Dominik nahm nach der Schule eine Stelle als Vertreter an, ein Job, der ihm sehr lag, da er mit Begeisterung ein Produkt verkaufen konnte, von dem er vollkommen überzeugt war. Viele Erwachsene mit ADHS arbeiten im Marketing oder im Verkauf, weil ihnen diese abwechslungsreiche Tätigkeit einen kreativen Spielraum lässt und sie von ihrem Enthusiasmus profitieren. Dominik ist mit seiner jetzigen Stelle zufrieden, dennoch blickt er mit einigem Bedauern auf seine ungenutzten Schuljahre und verpassten Schulchancen zurück.

Einer Vielzahl von Jugendlichen mit ADHS gelingt es trotz dieser Erschwernisse, erfolgreich ein Studium abzuschließen. Oft gelingt ihnen das aufgrund einer Kombination aus Intelligenz und Engagement, der Unterstützung der Eltern oder eines Studienberaters und einem glücklichen Zusammentreffen von Studienrichtung und persönlichem Interesse. Bis sie ihr Ziel schließlich erreicht haben, ist häufig viel Wasser ins Meer geflossen, und sie haben sich viele lange Nächte mit Energydrinks um die Ohren geschlagen. »Meine Leistungen waren sehr schwankend. Für meine Arbeiten während des Studiums bekam ich immer wieder schlechte Zensuren, doch während der Abschlussprüfungen holte ich alles wieder auf«, erzählt Lisa. Sie hatte das Glück, dass ADHS bei ihr bereits in der Pubertät diagnostiziert worden war. Denn dadurch brachte man ihr in der Schule mehr Verständnis entgegen als vielen anderen, bei denen die Diagnose ADHS erst im Erwachsenenalter gestellt wurde.

Unsere berufliche Laufbahn beginnt eigentlich schon in der Schule. Daher haben Menschen mit ADHS im Vergleich zu anderen Schulabgängern oft einen weniger gelungenen Start ins Arbeitsleben: Wegen ihrer mangelnden schulischen Leistungen stößt die Schule bei ihnen oft eine Art Abwärtsspirale an. Sie wählen bisweilen Fächer, die ihnen nicht wirklich liegen, sie gehen ohne Schulabschluss ab oder mit einem Schulabschluss, der nicht ihren Fähigkeiten entspricht, und ihre Berufsaussichten sind daher oft eingeschränkt. Dieser ungünstige Start wirkt sich auch auf ihre weitere berufliche Karriere aus. Ihre Tätigkeit entspricht oft nicht ihren Fähigkeiten oder ihren persönlichen Neigungen. Daher finden sie in ihrer Arbeit auch nicht immer ausreichende Befriedigung oder Freude. Es kann eher zu Langeweile, Frustration und Konflikten kommen – und damit einhergehend auch zu einer Kündigung oder Entlassung. Diese negative Spirale wird mitunter auch an mehreren Arbeitsplätzen durchlaufen. Viele Erwachsene mit ADHS haben einen eher kurvenreichen Lebenslauf und wechseln überdurchschnittlich oft ihren Arbeitsplatz. Ein von schwachen Schulleistungen und häufig wechselnden Arbeitsverhältnissen geprägter Lebenslauf ist für die weitere Karriere natürlich nicht förderlich.

Zum Glück hat das Interesse an Kindern und Jugendlichen mit ADHS in den letzten Jahrzehnten stark zugenommen. Es ist von großer Bedeutung, dass ADHS schon in der Kindheit erkannt wird. Denn spezielle schulische Maßnahmen und eine adäquate Betreuung können dazu beitragen, dass diese Kinder und Jugendlichen den oben genannten Fallstricken entgehen und somit größere Chancen auf einen besseren Start in die Arbeitswelt und ein erfüllendes Berufsleben haben. Sollte das nicht gelingen, ergeben sich hohe individuelle und gesellschaftliche Kosten. Auf individueller Ebene führen Erfahrungen des Scheiterns oft zu Ängsten oder Depressionen und sie erschüttern in jedem Fall das Selbstvertrauen. Aus Studien wissen wir, dass Erwachsene mit ADHS aufgrund ihrer Probleme womöglich weniger effizient arbeiten oder häufig Überstunden machen müssen, um ihr Pensum zu erledigen. Ökonomisch betrachtet, kann die mangelnde Unterstützung und Begleitung von Menschen mit ADHS die Gesellschaft daher eine Menge Geld kosten. Es gibt also mehr als genug Gründe, Mittel und Wege zu suchen, um Kinder und Jugendliche mit ADHS bei ihrem Start möglichst gut zu unterstützen und sie auch während ihrer beruflichen Laufbahn zu begleiten.

Der Einfluss von ADHS auf den Berufsalltag

Innerhalb einer groß angelegten internationalen Studie (*World Mental Health Survey Initiative*) der Weltgesundheitsorganisation wurden das Auftreten und die Auswirkungen von ADHS im beruflichen Alltag untersucht.

Bemerkenswerterweise zeigte sich, dass viele Erwachsene mit ADHS zwar berufstätig sind, die beruflichen Anforderungen aber aufgrund ihrer Problematik nicht optimal erfüllten. Ein Umstand, der offenbar eher auf die geringere Quantität und Qualität ihrer Leistung als auf häufige Fehlzeiten zurückzuführen ist. Das ist aus Sicht der Arbeitgeber eine wichtige Erkenntnis, da sie zwar krankheitsbedingte Fehlzeiten berücksichtigen, aber andererseits davon ausgehen, dass Arbeitnehmer auch effektiv arbeiten, wenn sie präsent sind.

In der Studie wurde ferner gefragt, wer von den berufstätigen Erwachsenen mit ADHS in den vergangenen 12 Monaten wegen seiner Störung in Behandlung gewesen sei. Das bejahten nur sehr wenige der Befragten. Während in den USA 12 Prozent der Befragten und in den Niederlanden zumindest 2,7 Prozent der Befragten angaben, in Behandlung zu sein, wurde für Deutschland 0 Prozent festgestellt.

Wir können also festhalten: Obwohl ADHS häufig auftritt und sich erheblich auf die Arbeit auswirkt, finden nur sehr wenige Berufstätige den Weg zu einer adäquaten ADHS-Therapie. Und das angesichts zahlreicher Hinweise darauf, dass eine ADHS-Behandlung auch bei Erwachsenen sehr hilfreich ist und sich ihre Leistungsfähigkeit im Beruf dadurch erheblich verbessern kann.

Fallstricke im Berufsalltag

Berufstätige Menschen mit ADHS können extrovertiert, intuitiv und flexibel sein. Was ihnen beider Arbeitssuche durchaus zugutekommen kann. Denn aufgrund ihrer Lebhaftigkeit, Aktivität und Impulsivität wirken sie enthusiastisch, sie können sich gut präsentieren, haben einen originellen Blick auf die Dinge und zeigen großen Arbeitseifer. Das macht sie oft zu echten Unternehmern, aus deren Denken kühne und originelle Lösungen hervorgehen. Die praktische Umsetzung der Ideen geht ihnen allerdings bei weitem nicht so leicht von der Hand, weil dann die typischen Merkmale von ADHS wie Unaufmerksamkeit und leichte Ablenkbarkeit wieder zu Buche schlagen. Natürlich finden wir diesen Enthusiasmus nicht bei allen Erwachsenen mit ADHS. Es gibt auch ruhigere Charaktere, die vor allem unter Konzentrationsproblemen leiden.

Wer klug ist und nicht unter zu vielen anderen Beeinträchtigungen leidet, kann ADHS oft weitgehend kompensieren. Doch ganz lassen sich die Probleme, die aus den grundlegenden Merkmalen der Störung hervorgehen und sich in Konzentrationsproblemen und erhöhter Ablenkbarkeit, Impulsivität und Hyperaktivität/Rastlosigkeit äußern, nicht aus der Welt schaffen.

Konzentrationsprobleme/erhöhte Ablenkbarkeit

Konzentrationsprobleme und Schwierigkeiten, die eigenen Gedanken auf die Arbeit zu fokussieren, kennt wohl jeder, wenn auch in unterschiedlichem Maße. Viele Menschen mit ADHS können sich mit folgenden Aussagen identifizieren:

- Ich lasse mich leicht von den Gesprächen der Kollegen ablenken.
- Wenn ich versuche, einen Bericht oder einen Text zu lesen, schweifen meine Gedanken ab.
- Mir fällt es schwer, meine Arbeit nach einer Unterbrechung wieder aufzunehmen.
- Früh morgens oder spät abends, wenn es wenig Ablenkungen gibt, bin ich bei meiner Arbeit am effektivsten.
- Ich neige dazu, Arbeiten nicht zu Ende zu bringen, weil ich zwischendurch etwas anderes beginne, das ich zuvor vergessen hatte.
- Ich verfalle beim Arbeiten oft in Tagträume.

- Ich lasse mich in Konferenzen oft ablenken und wirke dadurch desinteressiert.
- Damit ich mich besser auf meine Arbeit konzentrieren kann, versuche ich den Kontakt zu anderen zu meiden.

Menschen mit ADHS wissen, dass sie sich gegen zu viele Eindrücke und die Versuchung, sich ständig ablenken zu lassen, wappnen müssen. Für sie sind Projekte günstig, in die sie sich regelrecht verbeißen können, die ihr Interesse wecken und sie herausfordern.

Es kommt jedoch auch vor, dass ADHS-Betroffene genau das Gegenteil eines Aufmerksamkeitsdefizits entwickeln: einen Hyperfokus. »Ich kann mich so intensiv mit einem Projekt befassen, dass ich andere Dinge, für die ich verantwortlich bin, völlig vergesse«, sagt Ellen. Die in diesen Phasen weder an ihre Aufgabe denkt, die Kinder rechtzeitig aus dem Hort abzuholen, noch daran, auf dem Heimweg Besorgungen zu machen. Das sind die Momente, in denen ihr Partner Michel von ihr eine SMS erhält: »Bei mir wird es heute später. Kannst du noch einkaufen gehen, Schatz?« Ellen ist manchmal so von einer Aufgabe absorbiert, dass sie sogar vergisst, ihre Kollegen zu begrüßen, oder überhört, wenn sie von ihnen angesprochen wird. Sie bemerkt überhaupt nicht, dass sie durch ihr Verhalten mitunter einen desinteressierten oder überheblichen Eindruck macht. Ihre Gedanken sind ausschließlich und zu hundert Prozent bei ihrem Projekt. In Leistungsbeurteilungen werden Ellens Engagement und ihre kühnen Projekte positiv bewertet, ihr Teamgeist aber nur gering eingeschätzt. Ein solcher Hyperfokus ist oft mit einer erhöhten Ablenkbarkeit der Betroffenen zu anderen Zeiten verbunden. Bei ADHS liegt das Problem offenbar eher darin, die Aufmerksamkeitspotenziale richtig zu verteilen, und weniger in einem ständigen Aufmerksamkeitsdefizit.

Einige ADHS-Betroffene leiden noch unter anderen kognitiven Schwierigkeiten. Sie haben beispielsweise Probleme mit der Rechtschreibung oder finden es schwierig, ihre Gedanken zu Papier zu bringen. Manche haben auch den Eindruck, sie bräuchten viel länger als ihre Kollegen, um etwas Neues zu lernen, oder es fiele ihnen leichter, schriftlich fixierte Sachverhalte in Erinnerung zu behalten als mündlich übermittelte.

> Bei meiner Arbeit brauche ich ein gewisses Maß an Abwechslung und Freiheit. Setzen Sie mich eine Woche an einen Schreibtisch und ich mache mich und alle in meiner Umgebung verrückt. Da es mir nicht liegt, mich lange mit Bürokram zu befassen, erledige ich ihn immer portionsweise. Mit einem Chef, der ständig alles kontrolliert, könnte ich es nicht aushalten. Anweisungen sind okay, aber dann bitte in einem freundlichen Ton. (Tom)

Dominik kommt immer wieder zu spät zu Konferenzen; das liegt an seinem Zeitmanagement. Eine Viertelstunde vor Beginn der Sitzung denkt er sich: Eine Sache kann ich schnell noch erledigen. Er unterschätzt aber die Zeit, die er dafür braucht. Als die Besprechung eigentlich schon angefangen hat, kramt er noch rasch nach den richtigen Mappen, seinem Notizblock und seinem Stift. Kurz darauf kommt er dann angehetzt. Ihm zu erklären, er müsse früher aufbrechen, bringt nicht viel. Denn das weiß er ja, aber …

Da viele ADHS-Betroffene vieles gleichzeitig erledigen wollen, scheitert ihre Zeitplanung oft. Außerdem neigen einige von ihnen dazu, bestimmte Arbeiten aufzuschieben. Angenehme Aufträge werden gleich erledigt, aber der lästige Bericht kann ruhig noch einen Augenblick warten. Aus diesem Augenblick wird dann oft eine ganze Weile, bis der Tag der Deadline kurz bevorsteht und mit literweise Kaffee stundenlang durchgearbeitet werden muss.

Viele Menschen mit ADHS hassen Papierkram wie die Pest. Daher geraten sie mit ihren Büroarbeiten oft in Verzug oder tendieren dazu, Papiere schnell zu überfliegen, wobei sie wichtige Informationen leicht übersehen. Auch den Berichten von Kollegen widmen sie sich manchmal nicht mit der angemessenen Sorgfalt. Und es ist für sie alles andere als ein Kinderspiel, die richtigen Unterlagen im richtigen Moment wiederzufinden. Ihr mangelndes Interesse an Büroarbeiten kompensieren sie zwar oft in anderen Bereichen ihres Jobs, für die sie sich eher erwärmen können. Aber der Papierkram bleibt doch ein Punkt, mit dem sie immer zu kämpfen haben.

Und schließlich sind viele Menschen mit ADHS an ihrem Arbeitsplatz sehr leicht ablenkbar. Ein stark belebtes Umfeld sorgt oft für einen höheren Geräuschpegel, der sie leicht von der Arbeit ablenken kann.

Auch Einrichtungsgegenstände, wie fluoreszierende Lampen oder ähnliche visuelle Stimuli, können Störquellen sein, gegen die sich viele Erwachsene mit ADHS nur schwer abgrenzen können.

Die Kombination all dieser Faktoren, vor allem die besonderen Anstrengungen, die viele Berufstätige mit ADHS unternehmen müssen, um den beruflichen Anforderungen gerecht zu werden, erhöht das Risiko, an einem Burn-out zu erkranken. Wobei sicherlich auch ein fehlendes Gespür für die eigenen Grenzen eine Rolle spielt.

> Ich lande anscheinend immer in Tätigkeitsfeldern, die nicht zu mir passen. Obwohl es mir schwerfällt, Zusammenhänge herzustellen, wurde ich als Programmplanerin der Studienabteilung einer großen Kulturorganisation eingestellt. Indem ich all meine Willenskraft und wahnsinnig viel Energie in den Job gesteckt habe, ist es mir trotz alledem gelungen, ihn gut zu meistern. Sogar so gut, dass ich danach zur Koordinatorin der Abteilung aufgestiegen bin. Was noch mehr Überstunden und noch mehr Stress nach sich zog. Auf dem Papier kann ich gut planen und Zeitabläufe regeln, aber ich kann diese Planung nicht in die Praxis umsetzen. Und nun musste ich nicht nur für mich selbst, sondern auch für ein ganzes Team planen! Außerdem neige ich dazu, unangenehme Arbeiten immer wieder wegen anderer Dinge, die auch erledigt werden müssen, zu unterbrechen. Und was war das Ergebnis? Ich arbeitete manchmal ganze Nächte durch, um einen Bericht rechtzeitig fertigzustellen. Das war frustrierend! Schließlich war ich so ausgebrannt, dass ich mich krankschreiben lassen musste. Jetzt will ich in eine andere Stelle wechseln, die zu mir passt, zum Beispiel zu einer Position, in der ich mein Wissen an jüngere Kollegen weitergeben kann. (Jill)

Impulsivität

»Erst denken, dann handeln«, sagt der Volksmund. Doch viele Menschen mit ADHS gehen genau umgekehrt vor – sie handeln impulsiv. Voller Zuversicht und mit großer Begeisterung etwas anzupacken, ist eine Sache, etwas zu Ende zu bringen, eine ganz andere. Viele Menschen mit ADHS erkennen sich in folgenden Aussagen wieder:

- Ich neige dazu, Projekte anzugehen, ohne großartig zu planen.
- Ich beginne Projekte sehr begeistert, verliere aber schnell das Interesse daran.
- Ich tendiere dazu, Dinge in dem Moment zu tun, in dem sie mir einfallen.
- Ich erkläre mich dazu bereit, Aufgaben zu übernehmen, bevor ich kontrolliert habe, ob sie mit anderen Verpflichtungen kollidieren.
- Ich unterbreche andere beim Reden.
- Manchmal sage ich etwas, ohne über die möglichen Konsequenzen nachzudenken.
- Ich handle manchmal, wenn sich die Gelegenheit dazu ergibt, ohne mich mit meinem Chef oder meinen Kollegen abzusprechen.
- Manche betrachten mich als »Querschläger«, weil ich so impulsiv und unberechenbar reagiere.
- Ich bin oft sichtlich genervt von der Langsamkeit der anderen. Ich kann schlecht abwarten, bis sie ihren Standpunkt deutlich gemacht oder ihre Ideen vorgestellt haben.

Was die anderen Kollegen womöglich im Stillen für sich denken, spricht ihr Kollege mit ADHS bereits impulsiv aus, bevor es ihm bewusst wird. Erst wenn er es hinausposaunt hat, merkt er, dass es nicht immer so gut ankommt. Das ist nur eine der Eigenschaften, die gelegentlich zu Konflikten führen. Oft fühlt er sich dabei auch noch im Recht: Denn schließlich hat er die Dinge doch nur beim Namen genannt und zu seinen Prinzipien gestanden. Leider schätzt nicht jeder seine Art. Sein Verhalten ist womöglich der Tropfen, der das Fass zum Überlaufen bringt und letztlich zu seiner Entlassung führt oder ihn erkennen lässt, dass er mit diesem Vorgesetzten »einfach nicht mehr arbeiten kann«. Menschen, die besonders impulsiv sind, können auf diese Weise zahlreiche Entlassungen kassieren oder sich immer wieder zu eigenen Kündigungen veranlasst sehen.

> Ich erkenne sowohl persönliche Schwächen als auch Stärken in meiner beruflichen Arbeit. Auf der positiven Seite steht: Ich bin

sehr kommunikativ, verfüge über einen flexiblen Geist und kann über den Tellerrand hinausschauen. Daher bringe ich manchmal neue und wertvolle Ideen ein. Als Mitarbeiterin verhalte ich mich zudem sehr loyal. Auf der negativen Seite ist zu verzeichnen: Ich bin manchmal zu direkt und sage meinem Vorgesetzten gelegentlich auch ins Gesicht, was ich von bestimmten Dingen halte. Solche Bemerkungen würden andere Mitarbeiter nur hinter seinem Rücken machen und mein Verhalten kommt nicht immer gut an. Ich habe mein Temperament in dieser Hinsicht schon zu zügeln gelernt. Doch wenn ich für jemanden keinen Respekt empfinde, kann ich seine Autorität nicht akzeptieren. (Jill)

Die durch Impulsivität ausgelösten Probleme gehen bei ADHS-Betroffenen natürlich oft mit Aufmerksamkeits- und Organisationsschwierigkeiten einher. Gert-Jans Impulsivität ging zum Beispiel Hand in Hand mit einem starken Wunsch nach Abwechslung und einer Abneigung gegen jegliche Form von Routine. Nur wenn er nicht in Routine verfiel, konnte er seine Konzentration und Motivation aufrechterhalten. In Bewerbungsgesprächen beeindruckte er seinen Gesprächspartner immer wieder durch seine zündenden Ideen. Er betrachtete die Dinge aus einem außergewöhnlichen Blickwinkel und erkannte schnell die Fallen und Expansionsmöglichkeiten für das Unternehmen. Aber er scheiterte oft bei der detaillierten Ausarbeitung seiner Planungen. Gert-Jan konnte Details und routinemäßige Recherchearbeiten auf den Tod nicht ausstehen. Wenn er die Möglichkeit hatte, mit jemandem zusammenzuarbeiten, der darin seine Stärken hatte, konnte das Projekt ein Erfolg werden. Wenn nicht, verlor Gert-Jan schon bald das Interesse daran und suchte nach neuen Herausforderungen. Nachdem er auf diese Weise zum dritten Mal in Schwierigkeiten geraten war, suchte sich Gert-Jan Unterstützung. Er wollte nicht noch einmal die Stelle wechseln, vor allem nicht ohne gründlich über die Konsequenzen einer eigenen Kündigung nachgedacht zu haben. Sein ständiger Drang nach neuen Herausforderungen spielte dabei eine gewisse Rolle. Gert-Jan ist nicht der einzige Erwachsene mit ADHS, der sich schnell bei einer Arbeit langweilt, sobald der erste Reiz des Neuen verflogen ist. Für viele Menschen mit ADHS stellt es eine Herausforderung dar, ihren Beruf über einen längeren Zeitraum auszuüben, vor allem wenn er größtenteils aus Routine- und Büroarbeiten besteht. Je mehr Kreativität und Abwechslung er bietet, desto interessanter bleibt er.

Es hat auch gute Gründe, dass viele Erwachsene mit ADHS gerne selbstständig arbeiten. Sie mögen es nicht, wenn ihnen Kollegen oder Vorgesetzte ständig über die Schulter schauen. Denn sie haben oft eine sehr individuelle und spezielle Art, ihre Arbeit zu erledigen und ihre Unterlagen auf dem neusten Stand zu halten, und mögen es nicht, wenn jemand sich in ihre Angelegenheiten mischt. Impulsivität und Rastlosigkeit gehen oft Hand in Hand. Viele Erwachsene mit ADHS haben ihre eigene Sicht der Dinge und ihre eigene Vorgehensweise, drängen ungeduldig darauf, ihre Ideen schnell zu verwirklichen, und können sehr energisch sein oder unentwegt insistieren, wenn ein Kollege ihre Ansicht nicht teilt. Vielen ADHS-Betroffenen fällt es schwer, ihren Standpunkt aufzugeben, und ein guter Umgang mit Kritik zählt auch nicht gerade immer zu ihren größten Stärken. Zudem werden ihre Rastlosigkeit und Impulsivität oft von einem Quäntchen Aufsässigkeit begleitet. Es ist einfach leichter für sie, wenn sie Herr im eigenen Haus sind, ganz gleich ob es sich dabei um die Abteilung in einem Kaufhaus oder den Klassenraum in einer Schule handelt. Es ist ein Paradox, mit dem viele umzugehen lernen müssen: Sie arbeiten gerne autonom und selbstständig, brauchen aber die ständige Beobachtung und Kontrolle anderer, um ihre Dinge wirklich zu erledigen.

Hyperaktivität/Rastlosigkeit

Wenn ADHS manchmal als *»all day high stress«* beschrieben wird, wird damit auch auf die Tendenz hingedeutet, ständig in Bewegung zu sein und nicht zur Ruhe kommen zu können. Für Erwachsene, die zu Hyperaktivität neigen, kann ein Arbeitstag, an dem sie andauernd auf dem gleichen Stuhl sitzen bleiben müssen, eine Qual sein. Stundenlange Konferenzen sind für sie die Hölle, vor allem wenn sie zwischendurch nicht hin und wieder nach draußen gehen dürfen, um ein Telefongespräch auf ihrem Handy anzunehmen oder sich irgendwo einen Kaffee zu besorgen. Sie beschreiben ihren Bewegungsdrang unter anderem mit folgenden Worten:

- Ich muss während der Konferenzen immer an etwas herumfummeln oder an kleinen Dingen herumbasteln können.
- Mir fällt es schwer, lange an meinem Schreibtisch sitzen zu bleiben.
- Wegen meines erhöhten Bewegungsbedürfnisses erwecke ich den Eindruck, als würde ich mehr Pausen machen als meine Kollegen.
- Ich bevorzuge Arbeiten, bei denen ich viel in Bewegung bin.
- Ich lebe anscheinend in einem schnelleren Tempo als der Rest der Welt.

Viele Menschen mit ADHS hassen es, Schlange zu stehen, und aus dem gleichen Grund steigt ihre Ungeduld in langen, ununterbrochenen Arbeitssitzungen. Manchmal können hierbei schon kleine Veränderungen eine Erleichterung verschaffen. Zum Beispiel könnte man während einer Sitzung einen Sitzball statt eines Stuhls benutzen. Auch hier steht die Selbsterkenntnis am Anfang. Es leuchtet ein, dass für Erwachsene mit ADHS und deren Lebhaftigkeit nicht jede Tätigkeit geeignet ist, daher wählen viele einen Beruf, bei dem sie ausreichend in Bewegung sein können. Andererseits können Menschen mit ADHS auch daran arbeiten, ihre Unruhe zu zügeln und ihren Bewegungsdrang zu dämpfen (darauf werden wir im Abschnitt »Was hilft dabei, sich auf die Arbeit zu konzentrieren?« noch einmal zurückkommen).

Anneke, eine junge Frau, hatte Unterstützung gesucht, weil es ihr schwergefallen war, eine adäquate Stelle zu finden und zu behalten. Sie kam zu dem Schluss, dass Routine- und Büroarbeit für sie nur dann erträglich war, wenn deren Anteil nicht zu groß war. 25 Prozent Büro- und Routinearbeit und 75 Prozent Arbeit mit anderen Menschen fand sie gut, ein Verhältnis von 35 zu 65 Prozent war vielleicht auch noch möglich, aber damit war für sie dann schon die äußerste Grenze erreicht. Anneke sprach mit ihrem Arbeitsvermittler über ihre Selbsteinschätzung, sodass dieser bei der Auswahl der Stellenangebote für Anneke darauf besonders achten konnte. Denn es hatte für sie ja keinen Sinn, sich auf eine Stelle zu bewerben, bei der sie sich aller Voraussicht nach langweilen würde.

Ich investiere sehr viel Energie in meine Arbeit. Glücklicherweise habe ich bei der Ausbildung der Anfängerteams ziemlich freie Hand. Eine gute Struktur dafür zu entwickeln, fiel mir anfangs nicht leicht, aber nun, da ich diese Struktur gefunden habe, ist meine Arbeit ein Vergnügen. Einige Kollegen wissen über mein ADHS Bescheid. Ich arbeite schon viele Jahre in dieser Organisation, und seit ich in Behandlung bin, sehen die Kollegen bei mir entscheidende Fortschritte: »Du bist jetzt viel ruhiger geworden«, sagen sie. Zum Glück. Früher sahen meine Kollegen nur meine dynamische Seite, welche Konsequenzen es hatte, dass ich meine Energie nicht dosieren konnte, haben sie nicht gesehen. Ich lag damals manchmal zwei Tage lang im Bett. Auch mit dem Papierkram komme ich jetzt besser zurecht. (Peter)

Offenheit am Arbeitsplatz

Viele Jungendliche haben zunächst Bedenken, sich eine Diagnose stellen zu lassen. Doch häufig ist eine ADHS-Diagnose für sie mit Vorteilen verbunden: Ihnen wird zum Beispiel mehr Zeit für ihr Examen eingeräumt, oder sie können eine Studienbetreuung in Anspruch nehmen. Das gibt bei ihrer Entscheidung, sich eine Diagnose stellen zu lassen, oft den Ausschlag. Im Berufsleben liegen die Vorteile dagegen nicht so klar auf der Hand. Für viele Erwachsene mit ADHS ist die Schwelle daher hoch, sich als Betroffene zu »outen«. Und selbst wenn sie sich zu diesem Schritt entschlossen haben, bleibt noch die Frage: Wann ist dafür der rechte Zeitpunkt? Beim Vorstellungsgespräch? Gleich zu Arbeitsbeginn? Oder erst später, wenn man mit dem Arbeitsplatz und den Kollegen etwas vertrauter geworden ist?

Oft werden Betroffene schon beim Erstellen eines Lebenslaufs innerlich mit diesem Problem konfrontiert: Wie erklärt man die beiden Studienjahre, die man wiederholen musste, und wie die Schul- und Arbeitsplatzwechsel? Viele Menschen mit ADHS haben eine Art Patchwork-Lebenslauf. Daher ist für sie ein funktionaler Lebenslauf günstiger als eine chronologische Übersicht. Ein funktionaler Lebenslauf beginnt mit der Vorstellung der eigenen Zielsetzungen und

Charaktereigenschaften, wobei man selbstverständlich den Fokus auf seine positiven Eigenschaften legt. Außerdem kann man die Aufmerksamkeit auf das bereits Erreichte und die dafür eingesetzten Fähigkeiten lenken. Das Augenmerk wird also eher auf die Qualitäten gelenkt, über die Bewerber mit ADHS oft reichlich verfügen, und weniger auf die Lücken oder die schwer erklärbaren Übergangsphasen zwischen den verschiedenen Beschäftigungszeiten. Für Schulabgänger ist das natürlich noch schwieriger, weil sie noch nicht so genau wissen, wo ihre Stärken liegen.

Der nächste Schritt ist das Bewerbungsgespräch, in dem manches angesprochen werden kann. Soll man sich ganz auf seine Stärken konzentrieren oder schon etwas von seinen Schwächen zeigen? Oft wird ja ausdrücklich nach den Schwächen gefragt. Dominik, der immer schon eloquent gewesen ist, beherrscht die Kunst, jede Schwäche so zu verpacken, dass sie trotz allem wie ein Pluspunkt wirkt: »Ich bin sehr gut darin, Menschen von einem Produkt zu überzeugen, hinter dem ich hundertprozentig stehe«, erklärte er während eines Bewerbungsgesprächs. »Manchmal bin ich so bei der Sache, dass ich dabei die Zeit aus den Augen verliere, aber ich habe noch nie erlebt, dass ein Kunde nach seinem Kauf nicht begeistert und zufrieden gewesen wäre.« Dominik war, was seine Zeiteinteilung angeht, ein Chaot. Das konnte er, als sein zukünftiger Arbeitgeber nach seinen Schwachpunkten fragte, ehrlichkeitshalber nicht verschweigen. Aber er konnte es doch so formulieren, dass seine Begeisterung stärker ins Auge sprang. Es ist sicher klug, während eines Bewerbungsgesprächs bereits einige Minuspunkte anzusprechen, ohne ADHS unbedingt zu erwähnen. Man kann zum Beispiel deutlich machen, dass man sich gelegentlich sehr in seine Arbeit vertieft und es dann lästig findet, in seiner Konzentration gestört zu werden, weil die Qualität der Arbeit womöglich darunter leidet. Wenn man dieses Thema bereits angesprochen hat, fällt es einem später leichter, vorzuschlagen, den Schreibtisch vor die Wand oder ein ruhiges Fenster zu stellen.

Natürlich kann man sich auch dazu entschließen, in Bezug auf das eigene ADHS die Karten gleich offenzulegen. So hat es zum Beispiel die erfahrene Buchhalterin Theresa bei einem Bewerbungsgespräch getan, ohne dass ihr daraus Nachteile erwachsen wären. »Ich habe ADHS«, sagte sie, »daher lasse ich mich leicht ablenken, wenn ich nicht an einem ruhigen Platz arbeiten kann. Außerdem brauche ich die Möglichkeit, mir hin und wieder die Beine zu vertreten, um mich anschließend wieder besser konzentrieren zu können. Wenn das für Sie akzeptabel ist, biete ich Ihnen hundertprozentigen Einsatz, den Vorteil einer mehr als zehnjährigen soliden Berufserfahrung und absolute Loyalität.« Theresa bekam die Stelle. Doch es erfordert eine starke Persönlichkeit und ein großes Zutrauen in die eigenen Arbeitsmarktchancen, sich von vorneherein für ein solches Vorgehen zu entscheiden. Und natürlich muss man dafür beruflich auch etwas zu bieten haben.

Wenn man eine neue Stelle angetreten hat und erkennt, dass gewisse räumliche Bedingungen ungünstig sind, hat es wenig Sinn, monatelang frustriert herumzusitzen, bevor man eine kleine Veränderung vorschlägt. Manchmal genügt es schon, einen Aktenschrank zu verschieben, um für etwas mehr Privatsphäre oder weniger Ablenkung zu sorgen. Es ist sicherlich sinnvoll, mindestens eine Person an seinem Arbeitsplatz über das eigene ADHS zu informieren (zum Beispiel den Supervisor, den Personalleiter, den Betriebsarzt ...). Denn sie kann Veränderungen unterstützen, die einen großen Unterschied in Bezug auf die Arbeitsfähigkeit des ADHS-Betroffenen bewirken können. Je vertrauter die Gesellschaft mit ADHS ist, desto größer wird sicherlich die Offenheit, damit umzugehen, und desto niedriger hoffentlich auch die Schwelle, ADHS anzusprechen. Es sind zu viele Berufstätige von ADHS betroffen, um dieses Phänomen zu negieren. Der Produktivität und der Qualität der Arbeit kann es nur zugutekommen, wenn die Störung erkannt und Mittel und Wege bereitgestellt werden, um die Betroffenen gezielt zu unterstützen. In manchen Fällen ist es sinnvoll, einen sachkundigen externen Berater hinzuzuziehen, der die Suche nach kleinen Veränderungen, die die Arbeit und das Arbeitsklima verbessern könnten, begleitet. Leider passiert das häufig erst dann, wenn sich die Probleme schon zugespitzt haben.

Man sollte besser nicht warten, bis die Schwierigkeiten unübersehbar geworden sind, bevor man an seinem Arbeitsplatz andere über das eigene ADHS aufklärt. Denn dann könnte die Erklärung eher wie eine Ausrede klingen. Und es ist natürlich klar, dass man die Arbeit, für die man eingestellt worden ist, auch zu leisten hat. Es wäre ja nicht fair und auch für die Kollegen nicht akzeptabel, wenn jemand für die gleiche Bezahlung nicht so viel wie die anderen arbeiten müsste. Schließlich will auch ein ADHS-Betroffener als vollwertige Arbeitskraft ernst genommen werden.

Was hilft dabei, sich auf die Arbeit zu konzentrieren?

Erwachsene mit ADHS stehen den immer wieder auftretenden Schwierigkeiten nicht hilflos gegenüber. Zum einen können sie sich ändern und Vorschläge machen, wie ihr Arbeitsplatz ihren Bedürfnissen besser angepasst werden kann. Zum anderen können sich aber auch Gedanken darüber machen, ob ihnen ihre derzeitige Tätigkeit wirklich entspricht oder ob sie ihre Bewerbungsbemühungen gezielter ausrichten könnten.

Um mit Letzterem zu beginnen: Es kann sinnvoll sein, sich mit Hilfe eines fachkundigen Beraters einen besseren Überblick über die eigenen beruflichen Fähigkeiten und Bedürfnisse zu verschaffen. Eine Reihe von ADHS-Betroffenen hat so viele negative Erfahrungen gemacht, dass sie gar nicht mehr genau wissen, was sie eigentlich wollen und können. In aller Regel neigen sie dazu, sich alle Optionen offenzuhalten. Um sich zu bewerben oder eine andere Stelle zu suchen, ist es jedoch wichtig, einen gewissen Fokus zu setzen. Ein Berater kann dabei helfen, sich aus der Vielzahl eigener Interessen und Fertigkeiten eine klare Zielvorstellung zu erarbeiten. Karriereberatung ist in Deutschland ziemlich verbreitet und wird von vielen Organisationen und Unternehmen angeboten. Doch nur wenige Unternehmen sind mit ADHS vertraut. Daher ist es ratsam, sich über die ADHS-Interessenverbände (siehe Adressenliste am Ende des Buches) zu informieren, an wen man sich am besten wenden kann.

In vielen Fällen können diese Berater auch Vorschläge machen, durch welche Umgestaltungen am Arbeitsplatz die Konzentration erhöht werden kann. Manchmal handelt es sich dabei um ganz einfache Veränderungen, etwa den eigenen Schreibtisch in einem Großraumbüro so zu platzieren, dass man weder auf einen Durchgang noch auf zu viele andere Schreibtische schaut. Man kann gemeinsam darüber nachdenken, wie wichtige Dinge einen festen Platz erhalten können oder welches Ordnungssystem für die eigenen Belange am günstigsten ist.

Gelegentlich ist es hilfreich, Aufgaben, die eine hohe Konzentration erfordern, gleich zu Beginn eines Arbeitstages zu erledigen, wenn der Kopf noch frisch ist. Große Vorhaben schweben Menschen mit ADHS manchmal wie ein Damoklesschwert über dem Haupt, dabei lassen sie sich oft in kleine Abschnitte aufteilen, wodurch sie schon viel weniger erschreckend wirken. Anstatt sich vorzunehmen, ein Buch zu schreiben, kann man sich vornehmen, acht Kapitel zu schreiben. Denn letztlich muss man ein Projekt ohnehin Schritt für Schritt realisieren.

Die Terminplanung ist für Menschen mit ADHS auch häufig ein Stolperstein. Oft bleibt ihnen nichts anderes übrig, als alle ihre Vorhaben zu notieren, einen Terminplan aufzustellen und täglich bestimmte Zeiten einzuflechten, in denen sie ihre Planung kontrollieren. Das erfordert Übung, Übung und noch mal Übung. Freilich sind das Dinge, die man selbst angehen kann. Für andere Verbesserungen benötigt man hingegen die Unterstützung und Mitarbeit von Kollegen und/oder eines Supervisors.

Wenn man weiß, dass Verzeichnisse anzulegen nicht gerade zu den eigenen Stärken gehört, aber notwendig ist, kann man zum Beispiel einen Kollegen bitten, diese vor dem Abgabetermin zu kontrollieren. Wenn man seine persönliche Schwäche kennt, manchmal mit bestimmten Bemerkungen einfach herauszuplatzen, kann man einen vertrauenswürdigen Kollegen fragen, wie er die Äußerung einschätzt. Nach einiger Zeit kann dann eine kleine Geste dieses Kollegen schon dazu beitragen, eine unbedachte Bemerkung noch rechtzeitig hinunterzuschlucken. Doch dafür muss man natürlich sehr gut aufeinander eingespielt sein.

> Bei meiner vorherigen Arbeitsstelle hatte ich einen phantastischen Chef. Da es in seinem näheren Umfeld auch jemanden mit ADHS gab, unterstützte er mich sehr gut. Er verlangte zum Beispiel von mir, einen Terminkalender zu führen und meine Planung bis zum Gehtnichtmehr zu kontrollieren. Er spornte mich auf die richtige Weise an. In dieser Zeit war ich sehr erfolgreich. Als ich einen neuen Chef bekam, mit dem ich mich nicht so gut verstand, ging

meine Motivation zurück. Ich habe mir dann eine andere Stelle gesucht. Jetzt habe ich wieder einen großartigen Chef und eine Stelle, die mir viel Abwechslung bietet. Außerdem arbeite ich an einem Produkt, an das ich wirklich glaube. Ich kann hier auch meine Begeisterung und Kreativität einbringen, zum Beispiel indem ich Veranstaltungen für unsere besten Kunden organisiere. (Tom)

Es gibt Veränderungsprozesse, die weitgehendere Überlegungen erfordern. Von Gert-Jan haben wir bereits erfahren, dass er zwar beim Sondieren und Entdecken neuer Expansionsmöglichkeiten für sein Unternehmen gute Arbeit leistet, in der detaillierten Ausarbeitung seiner Pläne aber Schwierigkeiten hat. Sein Unternehmen hat das Problem gelöst, indem es Gert-Jan bei neuen Projekten von Anfang an einen Mitarbeiter zur Seite stellt, der seine interessanten Ideen in konkrete Stufenpläne umsetzen kann. Die Verantwortung für das Projekt tragen beide gemeinsam. In vielen Arbeitskontexten kann es sinnvoll sein, die Stärken eines Mitarbeiters durch die Stärken eines anderen zu ergänzen. Daraus kann sich eine arbeitsteilige Konstellation ergeben, die es für gewöhnlich eher erlaubt, Projekte in einzelnen Abschnitten zu realisieren, fortlaufend zu begutachten und zu kontrollieren, als dies bei einer Arbeitssituation der Fall wäre, in der all diese Aufgaben von einer einzigen Person gewährleistet werden müssten.

Vorschläge dieser Art kann ein ADHS-Betroffener an seiner Arbeitsstelle natürlich selbst einbringen. Eine Reihe von Unternehmen und Organisationen ist allerdings auch dazu bereit, sich von einem externen Berater, der sich mit ADHS auskennt, informieren und beraten zu lassen. Das ist gar kein so dummer Gedanke, wenn man sich klarmacht, dass durchschnittlich 3 bis 4 Prozent aller Arbeitnehmer unter ADHS leiden. Außerdem kann eine Reihe kleiner Veränderungen und Maßnahmen, die sich für ADHS-Betroffene als nützlich erweisen, auch anderen Kollegen helfen, sich besser auf ihre Arbeit zu konzentrieren. Wie viele Menschen verlieren zum Beispiel tagtäglich wertvolle Minuten ihrer Arbeitszeit, weil sie zwischendurch immer wieder ihre E-Mails checken und beantworten? Die Vorstellung, ständig per E-Mail oder per Handy erreichbar sein zu müssen, verursacht auch bei Menschen, die nicht an ADHS leiden, großen Stress. Eine Organisation kann zum Beispiel Regeln für den Umgang mit E-Mails aufstellen und ihre Angestellten dazu anhalten, ihre E-Mails nur zu bestimmten Zeitpunkten am Tag zu bearbeiten. Ein weiteres Beispiel: Bewegung tut nicht nur hyperaktiven Mitarbeitern, sondern jedem gut. Daher können alle nur davon profitieren, wenn man ihnen gestattet, sich regelmäßig kurz die Beine zu vertreten. Und wird in vielen Organisationen nicht oft länger getagt, als es effizient ist? Stundenlange Konferenzen sind einfach nicht gut für die Konzentration, selbst dann nicht, wenn Kaffee angeboten wird. Die Effizienz der Konferenzkultur unter die Lupe zu nehmen, kann sich für alle Mitarbeiter einer Organisation als Verbesserung erweisen.

Es sind also durchaus eine Menge kleiner Interventionen möglich, die den Arbeitsplatz für alle angenehmer machen und die Produktivität der Mitarbeiter mit ADHS steigern können.

Aber äußere Veränderungen allein genügen selten. Es ist von entscheidender Bedeutung, dass der Mitarbeiter mit ADHS gleichzeitig auch an der Verbesserung seiner organisatorischen und/oder sozialen Fähigkeiten arbeitet. Was häufig nicht ohne Medikation, Psychoedukation und Psychotherapie möglich ist. Diese Behandlungen können dabei helfen, konstruktiv mit den ADHS-Fallstricken umzugehen und heikle Situationen am Arbeitsplatz zu umschiffen.

Gute Arbeitsbedingungen sind letztlich immer eine wechselseitige Angelegenheit: Sie erfordern Verständnis von den Arbeitgebern und Engagement und Veränderungsbereitschaft von den ADHS-Betroffenen. Selbsterkenntnis ist dafür eine wichtige Grundbedingung. Denn wenn eine Arbeit nicht zu einer Person mit ihren spezifischen Wünschen, Qualitäten und Fähigkeiten passt, sind alle Veränderungsmaßnahmen nutzlos. Alles beginnt also damit, sich selbst gut kennenzulernen.

Zusammenfassung

- Schwache schulische Leistungen führen bei vielen Erwachsenen mit ADHS zu einem schlechten Start ins Berufsleben.

- ADHS-Symptome äußern sich auch am Arbeitsplatz und verursachen dort oft Probleme.
- Es ist günstig, schon während eines Vorstellungsgesprächs die ADHS-Symptome anzusprechen, ohne die Störung selbst zu benennen.
- Mitarbeiter mit ADHS können ihre eigenen Fertigkeiten verbessern und Vorschläge zu einer geeigneten Umgestaltung ihres Arbeitsplatzes machen.
- Fachkundige Beratung und Begleitung können dazu beitragen, die Probleme am Arbeitsplatz unter Kontrolle zu halten.

8. Die Kraft des Positiven

ADHS verschwindet nicht, sobald Jugendliche erwachsen werden. Wie aber schon in den vorangehenden Kapiteln ausführlich zur Sprache gekommen ist, lassen sich durchaus Wege finden, gut damit umzugehen. In diesem letzten Kapitel möchten wir verdeutlichen, dass es dabei nicht nur um die Behandlung der Störung und das Erlernen neuer Fertigkeiten geht, sondern auch die Einstellungen des Betroffenen und seines Umfelds eine wichtige Rolle spielt.

Warum ist eine positive Einstellung so wichtig?

Jeder Mensch hat seine starken und weniger starken Seiten, vor allem aber einen eigenen Charakter und eine einzigartige Persönlichkeit. Schauen Sie sich hundert unterschiedliche Erwachsene mit ADHS an und Sie werden hundert unterschiedliche Persönlichkeiten entdecken, auch wenn diese Menschen einige Eigenschaften wie erhöhte Ablenkbarkeit und Vergesslichkeit gemeinsam haben. Denn ein Mensch ist nun einmal viel mehr als ein Bündel bestimmter Eigenschaften.

Das ändert jedoch nichts an der Tatsache, dass ADHS-Symptome das Leben eines Betroffenen in hohem Maße prägen und sich daher auch auf seine Persönlichkeit auswirken können. Ein Mensch, der häufig Rückschläge erlebt hat, wird wahrscheinlich eher als andere an sich zweifeln. Und jemand, der mit seinen »verrückten« oder »unrealistischen« Plänen und Einfällen immer wieder auf Widerstand gestoßen ist, wird mit der Zeit wahrscheinlich ein beträchtliches Maß an Dickköpfigkeit entwickeln.

Betroffene vergessen wegen ihrer Schwierigkeiten mit ADHS manchmal, was sie wirklich gut können. Wer seine Stärken aus dem Auge verliert, kann aber auch nur schwer auf sie zurückgreifen. Daher ist es wichtig, sich klarzumachen, dass sich viele ADHS-Eigenschaften von zwei Seiten betrachten lassen. Denken Sie nur an einen dynamischen Chaoten. Durch seine chaotische Art braucht er vielleicht doppelt so lange wie andere, um seine Dinge zu regeln, andererseits verfügt er aber auch über doppelt so viel Energie. Und das hilft ihm natürlich, seine Angelegenheiten schließlich doch noch in den Griff zu kriegen. Ein anderes Beispiel, das wir schon gestreift haben: Wenn Johan und Ingrid mit ihrer Familie in Urlaub fahren, sind die Probleme vorprogrammiert. Denn Johan hat in seiner Begeisterung mal wieder viel mehr Aktivitäten eingeplant, als seine Familie tatsächlich unternehmen will; daher hängen alle außer ihm selbst nach seinem Ausflugsmarathon erledigt in den Seilen. Mit seiner Besessenheit handelt er sich Minuspunkte ein, positiv schlägt aber zu Buche, dass er sich in seinem Enthusiasmus eine ganze Reihe sehr schöner Aktivitäten ausdenkt und plant. Wenn Ingrid und die Kinder sein Engagement anerkennen und wenn Johan die geringere Belastbarkeit seiner Familie akzeptiert, lässt sich vielleicht ein Kompromiss finden, der allen gerecht wird. Begeisterung ist etwas Wunderbares, Besessenheit bildet aber die Kehrseite der Medaille.

Es ist für ADHS-Betroffene ein sehr mühsamer und oft auch langwieriger Prozess, sich von den kritischen Bemerkungen, die sie früher oft zu hören bekamen, zu distanzieren, ihre Neigung zu Selbstvorwürfen unter Kontrolle zu bekommen und ihre Schuldgefühle richtig einzuordnen.

> Meine Sicht auf ADHS ist zwiespältig: Wenn es mir gelingt, die Störung zu akzeptieren, sie in den Griff zu kriegen und weiter an ihr zu arbeiten, kann sie ein Segen sein. Wenn man sich mit seinen Problemen nicht auseinandersetzt und falsch mit ihnen umgeht, indem man zum Beispiel Medikamente missbraucht, wird ADHS zum Fluch. Über die Auswirkung meines ADHS hat jemand mal ganz richtig gesagt: »Tom, du bist ein nervöser Chiller.« Das stimmt. Ich bin ein recht entspannter Mensch, ich sehe an mir auch eine Menge guter Eigenschaften wie Unternehmungsgeist, die Fähigkeit quer zu denken, ein intuitives Gespür für Menschen und ein ausgeprägtes Gerechtigkeitsempfinden. Aber wenn es in meinem Leben nicht gut läuft und die Stabilität abnimmt, etwa weil es Probleme bei meiner Arbeit gibt, muss ich aufpassen, mich

selbst nicht zu verlieren und wieder ins Chaos zu verfallen. Ich muss mich wirklich jeden Tag neu erziehen. (Tom)

Viele Erwachsene mit ADHS lehnen eine solche positive Betrachtungsweise zunächst ab. Das ist nachvollziehbar, denn wenn sie erkennen, welchen Einfluss ADHS auf ihr Leben hatte, setzt oft ein Prozess der Trauer über ihre verpassten Gelegenheiten ein. »Wenn man mir früher die richtige Diagnose gestellt hätte, hätte man mir viel Leid erspart und meine schulischen und beruflichen Chancen erheblich verbessert«, glaubt Ellen, und viele ADHS-Betroffene würden ihr darin sicherlich beipflichten. Bevor sie sich ihren Stärken zuwenden und diese optimal nutzen können, brauchen Menschen mit ADHS daher oft zunächst einmal den Raum, die Realität zu akzeptieren und zu verarbeiten.

Ein negatives Selbstbild verändert sich nicht von allein

Eine Schwierigkeit besteht auch darin, dass Menschen mit ADHS noch dem negativen Einfluss ihrer Umwelt ausgesetzt sind, obwohl sie sich allmählich besser verstehen und Veränderungen anstreben. Nicht jeder hat für sie Verständnis und so mancher sagt oder seufzt: »Verhalte dich doch einmal normal«, während der Betroffene vielleicht selbst noch nicht genau weiß, wie er diesen Veränderungsprozess, an den er noch nicht so recht glaubt, beginnen und wie er mit seinem ADHS umgehen soll. Es ist offensichtlich, dass Menschen mit ADHS Zeit brauchen, neue Erfahrungen zu machen. Erfahrungen, die sie darin bestärken, dass sie durchaus Stärken haben und gewisse Interventionen tatsächlich hilfreich sind. Das führt allmählich zu einer positiveren Sichtweise. Bart, bei dem die Diagnose ADHS schon sehr früh gestellt worden war, hatte trotzdem keine einfache Jugend. Doch als er als junger Erwachsener an einer Psychoedukation teilnahm, wurde ihm bewusst, wie viel er ungeachtet seiner Probleme schon gelernt hatte und dass er diese Dinge mit den anderen Gruppenmitgliedern teilen konnte, die erst vor kurzem ihre ADHS-Diagnose erhalten hatten. Diese Erfahrung gab ihm die Kraft, einen großen Sprung nach vorn zu machen.

Es gibt verschiedene Möglichkeiten, für eine etwas positivere Atmosphäre zu sorgen. Zunächst ist für den Betroffenen und sein Umfeld Psychoedukation sehr wichtig. Denn Menschen ohne ADHS funktionieren in vielem anders und wissen oft nicht, wie sie die Probleme von ADHS-Betroffenen einschätzen und am besten mit ihnen umgehen sollen. Mehr Kenntnisse über ADHS zu haben hilft ihnen, Situationen, in denen nicht alles rund läuft, besser einzuordnen. Wir gehen davon aus, dass hinter vielen falschen Reaktionen keine böse Absicht steht. Die Menschen im Umfeld eines Betroffenen brauchen allerdings häufig Zeit, bis sie dazu bereit sind, sich eingehender über ADHS zu informieren. Doch wenn sie mehr darüber wissen, können sie auch leichter darüber reden. In einer psychoedukativen Angehörigengruppe fragte Anja immer wieder, wie bestimmte Reaktionen zu verstehen seien. Und schließlich stellte sie diese Fragen auch immer häufiger ihrem Mann Richard. So verstand sie allmählich seine Schwierigkeiten, und weil sie mehr mit ihm darüber sprach, wurden ihr seine Probleme glaubhaft. Ärgernisse wie seine halb fertig gebaute Toilette nahmen für sie eine andere Bedeutung an. Ihre ursprüngliche Einschätzung, dass es ihm an Bereitschaft fehle oder dass er desinteressiert sei (»Du kümmerst dich nicht darum, weil deine Familie dich nicht mehr interessiert«) wichen nun der Erkenntnis: »Du schaffst es einfach nicht, deine Arbeit wieder aufzunehmen.«

Niemand weiß besser über die Situation Bescheid als der betroffene Erwachsene mit ADHS selbst. Wenn er sein Wissen mit den Menschen in seinem Umfeld teilt, kann sich vieles klären und sich Raum für die Suche nach gemeinsamen Lösungen und Hilfestellungen eröffnen. Richards halb fertig gebaute Toilette, die viel Ärger und Streit verursacht hatte, wurde so zu einem gemeinsamen Projekt an einem freien Tag. Anja und Richard schauten nach, was sie noch an Material brauchten, entschieden sich gemeinsam für die Farbe des Anstrichs und gingen dann einkaufen. Anjas Begeisterung spornte Richard dazu an, alles in einem Rutsch fertigzustellen. Und zu guter Letzt rundeten sie den gelungenen Tag mit einem Essen ab.

Die nächste Herausforderung besteht darin, kleinschrittig an Veränderung zu arbeiten. Denn kleine Schritte erhöhen die Erfolgschance, und Erfolgserlebnisse braucht schließlich jeder, um sich besser zu fühlen und das nötige Durchhaltevermögen aufzubringen. Jan, bei dem die Diagnose ADHS erst spät gestellt worden war, fiel es schwer, sich von festen Gewohnheiten zu lösen. Doch allmählich begriff er, dass eine Veränderung einfach notwendig war, um die Situation zu Hause zu verbessern. Obwohl es viele Ansatzpunkte gegeben hätte, entschied er sich zunächst für eine kleine Veränderung, die ihm nicht schwerfiel, das Zusammenleben aber entscheidend verbesserte. Normalerweise schaltete er während der Mahlzeiten immer das Radio an und hörte dann den anderen – abgelenkt wie er war – immer nur mit halbem Ohr zu. Nachdem er das Radio abgeschaltet hatte, beteiligte er sich zur Freude seiner Familie zum ersten Mal richtig an den Gesprächen und fühlte sich auch stärker einbezogen.

Und schließlich kann auch eine kognitive Umstrukturierung eine Erleichterung bieten. Auch wenn man sich dessen nicht immer bewusst ist, können kleine Fehler manchmal große Verzweiflung auslösen. Zu erkennen, wie man sich mit seinem nahezu unbewussten Denken selbst im Weg steht, kann daher langfristig gravierende Veränderungen bewirken. Viele reagieren spontan mit negativen Gedanken, wenn etwas nicht so läuft, wie man es sich vorgestellt hatte. Diese sollten wir letztlich durch hilfreiche Gedanken ersetzen. Dirk schaffte es einfach nicht, in seiner Wohnung Ordnung zu halten. Abzuwaschen fand er absolut widerlich. Schon die Vorstellung, »dass es dafür wohl mal wieder an der Zeit wäre«, erzeugte bei ihm äußerst verwirrende Gedanken (»Ich schiebe immer alles auf«, »Ich werde es wieder nicht hinkriegen«, »Aus mir wird nie etwas«). Der Abwasch hatte sich in seinen Gedanken auf diese Weise zu einem riesigen Problem entwickelt. Nachdem es ihm schließlich gelungen war, ihn auf das zu reduzieren, was er wirklich war (»Okay, der Abwasch ist ein bisschen eklig, aber eigentlich gar nicht so schlimm«), konnte Dirk ihn viel besser in Angriff nehmen.

Wenn man dann die Energie, die man zuvor in Schuldgefühle und Grübeleien investiert hat, für die Suche nach Lösungen einsetzt, hat man doppelt gewonnen. Man vergeudet sie nicht mehr für Ärger, Selbstmitleid oder Selbstvorwürfe und kommt den Lösungen einen Schritt näher. Ann hat mittlerweile begriffen, wie das funktioniert. Sie berichtet ihrem Therapeuten stolz, dass sie einige der geplanten Schritte schon umgesetzt hat, und schildert ihm auch, wie es ihr gelungen ist. Nebenbei erwähnt sie, dass sie per Einschreiben eine Mahnung erhalten hat und sagt dazu nur: »Darum muss ich mich als Nächstes kümmern. Das mache ich gleich morgen.«

> Ich sehe es als Vorteil meines ADHS an, dass ich manchmal auf verrückte Ideen komme, auf Sachen, an die andere nicht denken. Ich habe dabei oft das Gefühl: Das ist zu verrückt, die anderen sind noch nicht so weit. In diesen Ideen stecken zwar gute Elemente, aber die anderen müssen die brauchbaren Sachen aus ihnen herausklauben. Wenn etwas gemacht werden muss, handle ich sofort. Das ist ein weiterer Vorteil meines ADHS. Im Vergleich zu anderen kostet es mich jedoch furchtbar viel Kraft, meine Impulse ständig zu steuern. Bei allem muss ich nachdenken: Soll ich das nun tun oder nicht? Ist es wichtig oder nicht? (Peter)

> Peters Impulsivität hat auch ihre angenehmen Seiten: Es ist nicht langweilig, mit ihm verheiratet zu sein. Und seine Impulsivität bringt Überraschungen und Dynamik in unsere Beziehung, auch wenn sie etwas nachgelassen hat, seit er die Medikamente nimmt. Vielleicht ist es besser so, denn früher konnte das Zusammenleben mit ihm wirklich anstrengend sein. Es erfordert immer noch viel Kraft, ihn ständig beim Dosieren, Strukturieren und Planen zu unterstützen. Aber nach einer Weile wird auch das zu einem vertrauten Muster. (Linda)

Sei du selbst!

Eine stärkere Orientierung am Positiven eröffnet sowohl den ADHS-Betroffenen als auch den Menschen in ihrem Umfeld viel mehr Möglichkeiten, Fortschritte zu machen und durchzuhalten.

Der Umgang mit ADHS ist eine lebenslange Aufgabe. Trotz Medikation, Psychoedukation und Psychotherapie und trotz aller neu zu erlernenden Fertigkeiten, die das Leben etwas leichter und angenehmer machen, wird sich ein Erwachsener mit ADHS immer mit sich selbst konfrontiert sehen. Das ist auch nicht weiter schlimm, solange ihm bewusst ist, dass es in seiner Macht liegt, wie er mit seiner Störung umgeht und welche Möglichkeiten der Weiterentwicklung er nutzt. Menschen mit ADHS haben viele Eigenschaften, die sie ungern missen möchten, solange sich diese in gute Bahnen lenken lassen. Impulsivität ist zum Beispiel etwas Wunderbares, solange sie sich bei einer Arbeitskonferenz im Rahmen hält. Tom bezeichnet sie dann als kontrollierte Impulsivität. In seiner Beziehung findet er es jedoch herrlich, sich gehen zu lassen und mit seiner Freundin den augenblicklichen Impulsen zu folgen, was zu viel originelleren Unternehmungen führt als bei vielen anderen Paaren. Bestimmte ADHS-Merkmale selektiv einzudämmen oder einzusetzen und sich für gewisse Symptome wie Vergesslichkeit Hilfsmittel auszudenken, erfordert einen ständigen Lern- und Übungsprozess. Aber die Mühe lohnt sich.

Letztendlich braucht eine Gesellschaft ganz unterschiedliche Menschen. Denn was wäre sie für ein lahmer Haufen, wenn sich jeder immer im Rahmen hielte und nur auf den altbewährten Methoden und Ideen anderer aufbauen würde. Wer sollten diese anderen dann überhaupt sein? Familien und Organisationen brauchen Enthusiasten und Wegbereiter ebenso wie bedachtsame Traditionalisten. Gelungene Veranstaltungen brauchen sowohl Stimmungskanonen als auch Menschen, die sich um das letzte i-Tüpfelchen kümmern. Und überhaupt: Jede Gesellschaft braucht Menschen unterschiedlichen Schlages und unterschiedlicher Couleur. Die Psychiater Edward Hallowell und John Ratey, die selbst von ADHS betroffen sind, bringen das in einem Gedicht am Anfang ihres ADHS-Ratgebers zum Ausdruck:

Junge, was du auch bist
Und wo du auch bist:
Sei nicht, was du nicht bist.
Denn wenn du bist,
Was du nicht bist, bist du nichts.

Im Leben kommt es darauf an, unsere Eigenschaften und Talente so zu nutzen, dass sie sowohl in unserer Arbeit als auch in unserem Privatleben unserer Persönlichkeit entsprechen. Und das gilt für jeden von uns, mit oder ohne ADHS.

Möchten Sie mehr wissen?

Zum Weiterlesen

Hallowell, E.M. & Ratey, J.: Zwanghaft zerstreut oder Die Unfähigkeit, aufmerksam zu sein. Rowohlt, Reinbek 1999.

Kooij, J. J. S.: Adult ADHD. Diagnostic Assessment and Treatment. Springer, London 2022.

Krause, Johanna & Krause, Klaus-Henning: ADHS im Erwachsenenalter: Die Aufmerksamkeitsdefizit-/Hyperaktivitätsstörung bei Erwachsenen. Schattauer, Stuttgart 2018.

Neuhaus, Cordula: Lass mich, doch verlass mich nicht. ADHS und Partnerschaft. dtv, München 2005.

Quinn, P. & Nadeau, K. (Hg.): Understanding Women with ADHD. Advantage Books 2022.

Safren, S.A. u.a.: KognitiveVerhaltenstherapieder ADHS des Erwachsenenalters. Medizinisch Wissenschaftliche Verlagsgesellschaft, Berlin 2008.

Interessante Websites

www.zitstil.be

Das Zentrum *ZitStil* ist ein ADHS-Wissens- und Fachzentrum für Kinder, Jugendliche und Erwachsene und deren Umfeld.

ZitStil bietet Informationen, Fortbildungen, Trainings und Beistand und beteiligt sich an gesellschaftlichen Aktivitäten, um alle, die mit ADHS konfrontiert werden, optimal dabei zu unterstützen, die Folgen der Entwicklungsstörung möglichst gut zu beherrschen.

www.zentrales-adhs-netz.de
www.adhs.org
www.adhs-deutschland.de
www.ads-im-erwachsenenalter.de/ads-erwachsene.html